0576-4　みんなが欲しかった！ 公務員 行政法の教科書＆問題集
問題集分冊

JN016533

みんなが欲しかった！ 公務員

行政法の
教科書＆問題集

問題集 編

目次

難易度 B　行政法の法源

問題1　行政法の法源に関する記述として、通説に照らして、妥当なのはどれか。

特別区Ⅰ類2021

1　行政法の法源には、成文法源と不文法源とがあり、成文法源には法律や条理法が、不文法源には行政先例がある。

2　条約は、国内行政に関係するもので、かつ、国内の立法措置によって国内法としての効力を持ったものに限り、行政法の法源となる。

3　命令は、内閣が制定する政令等、行政機関が制定する法のことであり、日本国憲法の下では、委任命令と独立命令がある。

4　判例法とは、裁判所で長期にわたって繰り返された判例が、一般的な法と認識され、成文法源とみなされるようになったものをいう。

5　慣習法とは、長年行われている慣習が法的ルールとして国民の法的確信を得ているものをいい、公式令廃止後の官報による法令の公布はその例である。

正解の**5**は具体例まで問われているので、少し難易度が高くなっていました。

1　✖　条理法は不文法源

条理法とは、**成文法源が存在しなくても当然に適用されると考えられる「法の一般原則」**のことであり、成文法源ではなく不文法源です。

2　✖　自動執行条約も行政法の法源

条約の内容が**そのままでも国内法として通用する具体的内容を持っている場合**、条約が公布・施行されれば、**自動的に国内法としての効力を有し**、条約も直接行政法の法源となります（自動執行条約）。

3　✖　独立命令は認められず

日本国憲法下で認められる命令は、**委任命令と執行命令のみ**です。法律の根拠なくして制定される独立命令は、日本国憲法下では認められません。

4　✖　判例法は不文法源

判例法も行政法の法源ですが、条文化されていないことなどから**不文法源**と考えられています。

5　○

慣習も長年行われ、それが法的ルールとして国民の間で定着すると、**国民の法的確信を得たものとされ、行政法の法源となります**。現在、法律上の根拠がないにもかかわらず、**法令の公布が官報によって行われている**のは、その例とされています。

法律による行政の原理

問題2 行政法学上の法律による行政の原理に関する記述として、妥当なのはどれか。 特別区Ⅰ類2022

1 法律による行政の原理の内容として、法律の優位の原則、法律の留保の原則及び権利濫用禁止の原則の3つがある。

2 法律の優位の原則とは、新たな法規の定立は、議会の制定する法律又はその授権に基づく命令の形式においてのみなされうるというものである。

3 社会留保説とは、侵害行政のみならず、社会保障等の給付行政にも法律の授権が必要であるとするものであり、明治憲法下で唱えられて以来の伝統的な通説である。

4 権力留保説とは、行政庁が権力的な活動をする場合には、国民の権利自由を侵害するものであると、国民に権利を与え義務を免ずるものであるとにかかわらず、法律の授権が必要であるとするものである。

5 重要事項留保説とは、国民の自由と財産を権力的に制限ないし侵害する行為に限り、法律の授権が必要であるとするものである。

正 解　**4**

　4で問われている権力留保説は理解しておきたい学説です。わかりやすい問い方をしてくれているので確実に〇と判断できるようにしておきたいですね。

1　✕　「権利濫用禁止の原則」ではなく「法律の法規創造力の原則」　①

　法律による行政の原理の具体的内容としては、法律の優位の原則、法律の留保の原則、**法律の法規創造力の原則**の3つがあります。

2　✕　「法律の優位の原則」ではなく「法律の法規創造力の原則」　①

　法律の優位の原則とは、**行政活動は法律に違反して行われてはならない**とする原則（勝手に改変することも許されないとする原則）です。

3　✕　伝統的な通説は侵害留保説　②

　社会留保説の説明は正しいですが、社会留保説は、明治憲法下で唱えられて以来の伝統的な通説ではありません。伝統的な通説は**侵害留保説**です。

4　〇　②

　権力留保説についての説明として正しい記述です。

5　✕　「重要事項保留説」ではなく「侵害留保説」　②

　重要事項留保説とは、重要な行政作用を行うには、法律の根拠を必要とする説です。

問題3　　行政法学上の法規命令に関する記述として、通説に照らして、妥当なのはどれか。

1　法規命令は、国民の権利義務に関係する一般的な法規範であり、内閣の制定する政令や各省大臣の発する省令はこれに当たるが、各省の外局に置かれる各行政委員会の制定する規則は当たらない。

2　法規命令のうち委任命令の制定についての法律の委任は、法律の法規創造力を失わせるような白紙委任が禁じられるが、一般的で包括的な委任は認められる。

3　法規命令のうち委任命令は、法律の委任に基づいて法律事項を定めた命令であり、法律による個別的で具体的な委任がある場合には、委任命令に罰則を設けることができる。

4　法規命令のうち委任命令は、法律等の上位の法令の実施に必要な具体的で細目的な事項を定める命令であり、国民の権利や義務を創設する命令ではない。

5　法規命令のうち執行命令は、新たに国民の権利や義務を創設する命令であり、法律の個別的で具体的な事項ごとに授権がなければならない。

| 正 解 | 3

　委任命令と執行命令についてきちんと区別できているかが問われている問題
です。基本的な知識で正解できる比較的易しい問題です。

1　✕　「規則」も法規命令

　法規命令には、❶内閣の制定する**政令**、❷内閣総理大臣が発する**内閣府令**、
❸各省大臣の発する**省令**、❹府省の外局として設置された庁の長や委員会が制
定する**規則**などが含まれます。

2　✕ 💡　　　白紙委任も一般的で包括的な委任も認められず

　委任命令の制定についての法律の委任については、**個別的・具体的な委任が
必要**です。

3　○

　委任命令は、法律の委任に基づいて法律事項を定めた命令です。また、法律
による**個別的・具体的な委任**があれば、**委任命令に罰則を設けることも可能**で
す。

4　✕　権利義務に関係しないのは「執行命令」

　委任命令は、法律の委任に基づき、**国民の権利や義務を創設する命令**です。

5　✕　権利義務に関係するのは「委任命令」

　執行命令は、法律等の上位の法令の実施に必要な具体的で細目的な事項を定
める命令であり、**国民の権利や義務を創設する命令ではありません**。執行命令
は、委任命令と異なり、**個別的・具体的な委任（授権）は必要ではなく、一般
的委任で足ります**。

問題 4　　行政立法に関する**ア〜オ**の記述のうち、判例に照らし、妥当なものみを全て挙げているのはどれか。　　　　　　　　　　国家専門職2022

ア　14歳未満の者と被勾留者との接見を原則として許さないこととする旧監獄法施行規則の規定は、当該規定が事物を弁別する能力の未発達な幼年者の心情を害することがないようにという配慮の下に設けられたものであるとしても、法の委任の範囲を超え、無効である。

イ　教科書検定の審査の内容及び基準並びに検定の手続について、学校教育法には具体的な規定がなく、省令や告示でこれを定めていることは、教育基本法や学校教育法の関係条文から教科書の満たすべき要件が明らかであっても、法律の委任を欠き、違法である。

ウ　銃砲刀剣類登録規則が、文化財的価値のある刀剣類の鑑定基準として、美術品として文化財的価値を有する日本刀に限る旨を定め、この基準に合致するもののみを文化財的価値を有するものとして登録の対象にすべきものとしていることは、これをもって法の委任の趣旨を逸脱する無効のものということはできない。

エ　酒税法が、酒類の製造業者又は販売業者に帳簿の記載義務を課し、その違反に対して罰則を定め、具体的な帳簿記載事項については同法施行規則に委任している場合、帳簿の記載事項が罰則の構成要件を規定することになるため、同規則で税務署長に記載事項の規律を再委任することは、同法の委任の趣旨に反し、許されない。

オ　農地法が、国が強制買収により取得した農地につき売払いの対象となるべき土地を定める基準を同法施行令に委任している場合に、売払いの対象となる場合を同令所定の場合に限ることとし、それ以外の明らかに同法が売払いの対象として予定しているものを除外することになったとしても、法の委任の趣旨を逸脱する無効のものとはいえない。

1　ア、イ　　　　2　ア、ウ　　　　3　イ、エ
4　ウ、オ　　　　5　エ、オ

正解 2

　判例問題なので少し難しいですが、正解である**ア**、**ウ**はこの分野の重要判例です。**ア**、**ウ**を〇と確定することで正解できるようにしていきましょう。

ア 〇

　判例と同趣旨で正しい記述です（14歳未満接見不許可事件）。

イ ✕　法律の委任を欠くとはいえない

　判例は、同様の事案において、「**法律の委任を欠くものではない**」と判断しています（教科書検定訴訟）。

ウ 〇

　判例と同趣旨で正しい記述です（サーベル登録拒否事件）。

エ ✕　法律の委任を欠くとはいえない

　判例は、同様の事案において、税務署長に再委任したことを「法律の委任を欠くものではない」と判断しています（酒税法帳簿記載違反事件）。

オ ✕ Skip ▶ｌ　法の委任の趣旨を逸脱し無効

　農地法の規定は、原則として売払いを行うことを前提としているのに、委任を受けた同法施行令が売払いの対象となる場合をかなり限定して規定していました。そのため、明らかに同法が売払いの対象として予定しているものを施行令が除外していると判断され、法の委任の趣旨を逸脱する無効のものである、という判断がされています（農地法売渡処分取消請求事件）。

A 行政立法

問題 5 　行政基準に関する次の記述のうち、最も妥当なのはどれか。ただし、争いのあるものは判例の見解による。　　　　　国家一般職2023

1 　行政機関が定立する規範を命令といい、内閣が定める政令、内閣総理大臣が定める内閣府令、主任の大臣が定める省令などがある。各大臣が公示を必要とする場合に発する告示は、行政機関の意思決定や一定の事項を国民に周知させるための形式の一つであり、法規としての性質を持つことはない。

2 　法律が政令に委任しているにもかかわらず、当該政令が更に一部の事項について省令に再委任することは、法律から命令への委任が許される以上、原則として容認されていると解されるが、犯罪の構成要件を再委任することは許されない。

3 　行政規則は、行政機関が策定する一般的な法規範であって、国民の権利義務に関係する法規としての性質を有しないため、法律の授権を要しない。また、命令の形式をとる必要はなく、内規、要綱などの形式で定めることができる。

4 　解釈基準は、法令の解釈を統一するため、上級行政機関が下級行政機関に対して発する基準である。上級行政機関は通達という形式で解釈基準を示すことがあるが、解釈基準としての通達は、単に法令の解釈の指針を示したものにすぎず、上級行政機関による指揮監督権の行使として下級行政機関を拘束するものではない。

5 　裁量基準は、行政庁の作成する内部基準であるが、行政手続法は、申請に対する処分についての裁量基準である審査基準を作成し、原則として公にすることを行政庁に義務付けている。この審査基準は恣意的な裁量行政を排除するためのものであるから、行政庁が審査基準に違背して処分を行った場合には、当該処分は当然に違法となる。

正解 3

　5 は行政手続法を学習した後に確認しましょう。**5** 以外の記述はきちんと正誤判定ができるようにしておく必要があります。

1 ✗ 💡　　**告示が法規としての性質を持つこともある**　　②

　学習指導要領は告示の形が採られていますが、**法規命令としての性質も有する**とされています（伝習館高校事件）。

2 ✗　**犯罪の構成要件を再委任することも許される**　　第1節 ④

　常に許されるわけではありませんが、**犯罪の構成要件を政令から省令に再委任することが許されていないわけではありません**。

3 ○　　②

　行政規則は、国民の権利義務に関係する法規としての性質を有しないため、**法律の委任（授権）は特に必要ではありません**。さらに、命令の形式を採る必要はなく、内規、要綱などの形式で定めることが可能です。

4 ✗　**解釈基準としての通達は下級行政機関を拘束する**　　②

　上級行政機関が、通達という形式で解釈基準を示した場合、解釈基準としての通達は、**上級行政機関による指揮監督権の行使として下級行政機関を拘束する**ものとなります。

5 ✗ Skip ▶️　**審査基準に違背した処分が当然に違法となるわけではない**

　行政手続法は、申請に対する処分についての裁量基準である審査基準を作成し、原則として公にすることを行政庁に義務づけています（行政手続法5条）。しかし、審査基準は行政規則として定められたものであって、裁判所を拘束するものではありません。したがって、行政庁が審査基準に違背して処分を行ったからといって、当該処分が当然に違法となるわけではありません。

　　ひとこと　行政手続法については、第6章で学習します。

問題 6　　行政立法に関する**ア～オ**の記述のうち、妥当なもののみを全て挙げているのはどれか。

国家専門職2016

ア　明治憲法においては、議会と関わりなく天皇が自ら規範を定立することができたが、現行憲法においては、国会が「国の唯一の立法機関」とされているため、国会と無関係に行政機関が法規命令を制定することはできない。

イ　法律を執行するために定められる執行命令については、その執行の手続の適正を担保するため、たとえ権利・義務の内容を新たに定立するものではなくとも、具体的な法律の根拠が必要であると一般に解されている。

ウ　委任命令を制定する行政機関は、委任の趣旨に従って命令を制定することになるところ、委任の趣旨をどのように具体化するかについては、法の委任の趣旨を逸脱しない範囲内において、当該行政機関に専門技術的な観点からの一定の裁量権が認められるとするのが判例である。

エ　告示は、行政機関の意思決定や一定の事項を国民に周知させるための形式の一つであり、法規としての性質を有するものはないとするのが判例である。

オ　通達を機縁として課税処分が行われたとしても、通達の内容が法の正しい解釈に合致するものである以上、当該課税処分は、法の根拠に基づく処分と解され、租税法律主義に反しないとするのが判例である。

1　ア、イ
2　イ、ウ
3　エ、オ
4　ア、ウ、オ
5　ア、エ、オ

正　解 4

　ア、**ウ**を〇と断定しにくいので、**イ**、**エ**を✗と確定することで消去法でもアプローチしましょう。

ア　〇　　　　　　　　　　　　　　　　　　　　　　　　　　　　第1節 **3**

　明治憲法下では、**議会と関わりなく天皇が自ら規範を定立することができました（緊急勅令など）**。しかし、日本国憲法の下では、国会と無関係に（法律の委任なしに）行政機関が勝手に法規命令などを制定することは認められません。

イ　✗ 💡　　　執行命令は一般的・包括的な委任で足りる　　　第1節 **3**

　執行命令は、委任命令と異なり、権利・義務の内容を新たに定立するものではないので、個別的・具体的な法律の根拠（委任）までは必要ありません。**一般的・包括的な法律の根拠（委任）で足りる**と一般に解されています。

ウ　〇　　　　　　　　　　　　　　　　　　　　　　　　　　　　第1節 **4**

　判例と同趣旨で正しい記述です（サーベル登録拒否事件）。

エ　✗　法規としての性質を有する告示もある　　　　　　　　**2**

　判例は、学習指導要領の告示について、**法規としての性質を有する**としています（伝習館高校事件）。

オ　〇　　　　　　　　　　　　　　　　　　　　　　　　　　　　**2**

　判例と同趣旨で正しい記述です（パチンコ球遊器事件）。

問題7　　行政法学上の行政行為の分類に関する記述として、通説に照らして、妥当なのはどれか。　　　　　　　　　　　　　　　特別区Ⅰ類2020

1　特許とは、国民が本来有していない特別な権利を設定する行為であり、鉱業権設定の許可や医師の免許がこれにあたる。

2　公証とは、特定の事実又は法律関係の存否について公の権威をもって判断する行為であり、当選人の決定や恩給の裁定がこれにあたる。

3　確認とは、特定の事実又は法律関係の存在を公に証明する行為であり、選挙人名簿への登録や戸籍への記載がこれにあたる。

4　認可とは、第三者の行為を補充して、その法律上の効果を完成させる行為であり、農地の権利移転の許可や河川占用権の譲渡の承認がこれにあたる。

5　許可とは、法令による一般的禁止を、特定の場合に解除する行為であり、自動車運転の免許や公有水面埋立の免許がこれにあたる。

単純な暗記を求められる分野です。具体例まで覚えておくのはちょっと大変ですが、基本的な知識で正解できる比較的易しい問題といえます。

1 ✕ 医師の免許は「許可」

特許の定義（**国民が本来有していない特別な権利を設定する行為**）と、鉱業権設定の許可が特許の具体例である点は正しい記述です。

2 ✕ 公証ではなく「確認」

公証とは、特定の事実または法律関係の存在を公に証明する行為です。

3 ✕ 確認ではなく「公証」

確認とは、特定の事実または法律関係の存否について公の権威をもって判断する行為です。

4 ○

認可の説明として正しい記述です。

5 ✕ 公有水面埋立の免許は「特許」

許可の定義（**法令による一般的禁止を、特定の場合に解除する行為**）と、自動車運転の免許を許可の具体例とする点は正しい記述です。

行政行為の分類

問題8 行政法学上の行政行為の分類に関する記述として、通説に照らして、妥当なのはどれか。 特別区Ⅰ類2018

1 公証とは、特定の事実又は法律関係の存在を公に証明する行為をいい、納税の督促や代執行の戒告がこれにあたる。

2 特許とは、第三者の行為を補充して、その法律上の効果を完成させる行為をいい、農地の権利移転の許可や河川占用権の譲渡の承認がこれにあたる。

3 認可とは、すでに法令によって課されている一般的禁止を特定の場合に解除する行為で、本来各人の有している自由を回復させるものをいい、自動車運転の免許や医師の免許がこれにあたる。

4 確認とは、特定の事実又は法律関係の存否について公の権威をもって判断する行為で、法律上、法律関係を確定する効果の認められるものをいい、当選人の決定や市町村の境界の裁定がこれにあたる。

5 許可とは、人が生まれながらには有していない新たな権利その他法律上の力ないし地位を特定人に付与する行為をいい、鉱業権設定の許可や公有水面埋立の免許がこれにあたる。

正　解 4

　前問同様、行政行為の分類についての単純な知識問題です。本問も基本問題です。

1　✗　納税の督促、代執行の戒告は「通知」

　公証の定義（**特定の事実または法律関係の存在を公に証明する行為**）は正しいです。しかし、**納税の督促や代執行の戒告は通知**の具体例です。

2　✗　特許ではなく「認可」

　特許とは、**人が生まれながらには有していない新たな権利その他法律上の力ないし地位を特定人に付与する行為**です。

3　✗　認可ではなく「許可」

　認可とは、**第三者の行為を補充して、その法律上の効果を完成させる行為**です。

4　〇

　確認の説明として正しい記述です。

5　✗ 　許可ではなく「特許」

　許可とは、**すでに法令によって課されている一般的禁止を特定の場合に解除する行為**です。

難易度 A 行政行為の効力

第3章第1節

問題9 行政法学上の行政行為の効力に関する記述として、通説に照らして、妥当なのはどれか。

特別区Ⅰ類2023

1 行政行為の拘束力とは、一度行った行政行為について、処分庁は自ら変更できないという効力をいい、審査請求に対する裁決等の争訟裁断的性質をもつ行政行為に認められる。

2 行政行為の自力執行力とは、行政行為の内容を行政が自力で実現することができるという効力をいい、私人が行政の命令に従わない場合において、行政は強制執行を根拠付ける法律を必要とせず、命令を根拠付ける法律により行政行為の内容を実現することができる。

3 行政行為の不可争力とは、一定期間を経過すると、私人から行政行為の効力を争うことができなくなるという効力をいい、不服申立期間又は出訴期間の限定による結果として認められるものであるが、これらの期間経過後に行政庁が職権により行政行為を取り消すことは可能である。

4 行政行為の実質的確定力とは、行政行為がたとえ違法であっても、無効と認められる場合でない限り、一定の手続を経るまでは有効なものとして扱われるという効力をいい、違法な行政行為が取消権限のある機関によって取り消されるまでは、何人もその効力を否定できない。

5 行政行為の形式的確定力とは、行政行為の内容が、以後、当該法律関係の基準となり、処分庁だけでなく上級庁も矛盾した判断をなし得ないという効力をいい、裁判所に対しても生じる。

正　解 3

　4、**5**はあまり使われない用語（実質的確定力・形式的確定力）を出していたので難しく感じたと思いますが、**3**を○と確実に判断することで正解できる問題です。

1 ✗　拘束力ではなく「不可変更力」

　不可変更力についての記述としては正しい内容です。

> **プラスone** 以前は行政行為の効力の1つとして拘束力を挙げる立場もありましたが、現在では、拘束力を行政行為の効力として挙げることはほぼありません。拘束力は、取消判決（および取消裁決）の効力として、行政事件訴訟法（および行政不服審査法）で登場します。

2 ✗　強制執行を根拠づける法律が必要

　行政（行政庁）が自力で執行するためには、行政行為（命令）を根拠づける法律だけではなく、**強制執行を根拠づける法律が別途必要**になります。

3 ○

　不可争力は私人の側から争えなくなる効力であり、期間が経過し、**不可争力が生じた後でも、行政庁が職権により行政行為を取り消すことは可能**です。

4 ✗　実質的確定力ではなく「公定力」

　公定力についての記述としては正しい内容です。

> **プラスone** 実質的確定力は、「既判力」の別称として使われる用語です。確定判決の効力として、行政事件訴訟法で登場します。

5 ✗　形式的確定力は「不可争力」の別称

　行政行為の形式的確定力は、不可争力の別称として用いられる用語です。したがって、**一定期間を経過すると、私人から行政行為の効力を争うことができなくなるという効力**をいいます。

 行政行為の効力

問題 10 行政法学上の行政行為の効力に関する記述として、妥当なのはどれか。

特別区Ⅰ類2018

1 行政行為の不可争力とは、一度行った行政行為について、行政庁が職権で取消し、撤回、変更をすることができなくなる効力であり、実質的確定力とも呼ばれている。

2 行政行為の拘束力とは、行政行為がたとえ違法であっても、無効と認められる場合でない限り、権限ある行政庁が取り消すまでは、一応効力のあるものとして通用する効力であり、規律力とも呼ばれている。

3 行政行為の不可変更力とは、一定期間が経過すると私人の側から行政行為の効力を裁判上争うことができなくなる効力であり、形式的確定力とも呼ばれている。

4 行政行為には公定力が認められるが、公定力の実定法上の根拠は、国家権力に対する権威主義的な考えに求められ、取消訴訟の排他的管轄には求めることはできない。

5 行政行為には公定力が認められるが、行政行為が違法であることを理由として国家賠償請求をするにあたり、あらかじめ取消判決や無効確認判決を得る必要はない。

正　解 5

行政行為の効力について全般的に問う問題です。基本的な内容からの出題なので、確実に正解できるようにしましょう。

1　✗　不可争力ではなく「不可変更力」　③

行政行為の効力として実質的確定力は一般には認められていません。

> **プラスone** 審査請求に対する裁決のような争訟裁断的行政行為に不可変更力だけでなく、実質的確定力（処分庁だけでなく、上級行政庁、裁判所等も取消し・変更ができない効力）を認める考えもありますが、一般的には受け入れられていない考え方です。

2　✗ 💡　拘束力ではなく「公定力」　③

本記述は、一般に公定力と呼ばれている効力の説明になっています。また、拘束力を行政行為の効力に含めないのが、現在の一般な考え方です。さらに、規律力という用語は行政法では一般には使用されていません。

3　✗　不可変更力ではなく「不可争力」　③

不可争力の説明としては正しい内容です。不可変更力は、一度行った行政行為の効力を**行政庁自らが取り消す、または変更することができなくなる効力**です。

4　✗　取消訴訟の排他的管轄に求められる　③

戦前は、公定力の根拠は、行政の行為だから適法である推定がされるという国家権力に対する権威主義的な考えに求められていましたが、**現在は、取消訴訟の排他的管轄に求められます**。

5　〇　③

行政行為が違法であることを理由として国家賠償請求をする場合には、当該行政行為には公定力は生じてないものとして扱われます。したがって、国家賠償請求訴訟を起こすに当たり、**あらかじめ取消判決や無効確認判決を得る必要はありません**。

□□□

問題 11　　行政行為の瑕疵に関する**ア～エ**の記述のうち、妥当なもののみを全て挙げているのはどれか。　　　　　　　　　　　国家専門職2019

ア　行政処分が当然無効であるというためには、処分に重大かつ明白な瑕疵がなければならないが、瑕疵が明白であるかどうかは、処分の外形上、客観的に誤認が一見看取し得るものかどうかだけではなく、行政庁が怠慢により調査すべき資料を見落としたかどうかといった事情も考慮して決すべきであるとするのが判例である。

イ　一般に、課税処分が課税庁と被課税者との間にのみ存するもので、処分の存在を信頼する第三者の保護を考慮する必要のないこと等を勘案すれば、当該処分における内容上の過誤が課税要件の根幹についてのものであって、徴税行政の安定とその円滑な運営の要請をしんしゃくしてもなお、不服申立期間の徒過による不可争的効果の発生を理由として被課税者に当該処分による不利益を甘受させることが著しく不当と認められる場合には、当該処分は当然無効であるとするのが判例である。

ウ　ある行政行為がなされた時点において適法要件が欠けていた場合、事後的に当該要件が満たされたときであっても、法律による行政の原理に照らし、当該行政行為の効力が維持されることはない。

エ　建築確認における接道要件充足の有無の判断と、安全認定における安全上の支障の有無の判断が、もともとは一体的に行われていたものであり、同一の目的を達成するために行われるものであること等を考慮しても、安全認定を受けた上で建築確認がなされている場合は、当該安全認定が取り消されていない限り、建築確認の取消訴訟において安全認定の違法を主張することはおよそ許されないとするのが判例である。

1　イ　　　　　　　2　ウ　　　　　　　3　ア、イ

4　ア、エ　　　　　5　ウ、エ

正解 1

　全記述とも判例の知識を問う問題になっており、少し難易度が高いです。**ア、ウ**を✕と判断することで正解に至るのが最も効率的ですが、**エ**も重要判例です。

ア　✕　外形上、客観的に誤認が明らかであれば足りる

　判例は、瑕疵が明白であるかどうかは、「**処分の外形上、客観的に誤認が一見看取し得るものかどうか**」だけで判断されるとしています。

イ　○

　判例と同趣旨で正しい記述です（譲渡所得課税無効事件）。

ウ　✕　瑕疵の治癒が認められる場合あり

　ある行政行為がなされた時点において適法要件が欠けていた場合、事後的に当該要件が満たされたときは、当該行政行為の効力が維持されるという考え方を「**瑕疵の治癒**」といい、判例においても認められた場合があります。

エ　✕ **安全認定から建築確認への違法性が承継される**

　安全認定に引き続いて建築確認がされ、安全認定の取消訴訟が不可争力により提起できなくなっている場合、**違法性が承継され、建築確認の取消訴訟で安全認定の違法を主張することができます**（たぬきの森マンション事件）。

問題 12　行政法学上の行政行為の瑕疵に関する記述として、最高裁判所の判例に照らして、妥当なのはどれか。　特別区Ⅰ類2019

1　村農地委員会が農地について小作人の請求がないにもかかわらず、その請求があったものとして旧自作農創設特別措置法施行令第43条に基づいて定めた農地買収計画を、同計画に関する訴願裁決で同令第45条により買収を相当とし維持することは、村農地委員会が買収計画を相当と認める理由を異にするものと認められ違法であるとした。

2　農地買収計画の異議棄却決定に対する訴願の提起があるにもかかわらず、その裁決を経ないで、県農地委員会が訴願棄却の裁決があることを停止条件として当該農地買収計画を承認し、県知事が土地所有者に買収令書を発行したという瑕疵は、その後、訴願棄却の裁決があったことによっても治癒されないとした。

3　法人税青色申告についてした更正処分の通知書が、各加算項目の記載をもってしては、更正にかかる金額がいかにして算出されたのか、それが何ゆえに会社の課税所得とされるのか等の具体的根拠を知る手段がない場合、更正の付記理由には不備の違法があるが、その瑕疵は後日これに対する審査裁決において処分の具体的根拠が明らかにされれば、それにより治癒されるとした。

4　課税処分に課税要件の根幹に関する内容上の過誤が存し、徴税行政の安定とその円滑な運営の要請を斟酌してもなお、不服申立期間の徒過による不可争的効果の発生を理由として被課税者に処分による不利益を甘受させることが著しく不当と認められるような例外的事情のある場合には、当該処分は、当然無効と解するのが相当であるとした。

5　都建築安全条例の接道要件を満たしていない建築物について、同条例に基づき建築物の周囲の空地の状況その他土地及び周囲の状況により安全上支障がないと認める処分が行われた上で建築確認がされている場合、その安全認定が取り消されていなければ、建築確認の取消訴訟において、安全認定が違法であるために同条例違反があると主張することは許されないとした。

正解である **4** は重要判例なので、ストレートに◯と判定できる程度には判旨を把握しておきましょう。

1 ✗ **違法行為の転換が認められる**

違法行為の転換が認められた事例です。該当法令43条ではなく、45条に基づく農地買収と**読み替える**ことで**適法とし、効力を維持する**判断をしています（広島県農地買収計画事件）。

2 ✗ **瑕疵の治癒が認められる**

瑕疵の治癒が認められた事例です。本判例は、訴願の提起があった場合、訴願に対する棄却裁決が出るのを待って買収手続を進める必要があるにもかかわらず、裁決を出るのを待たずに買収手続を進めてしまった違法について、**その後棄却裁決が出たことで治癒された**としています（尼崎市農地買収事件）。

3 ✗ 💡 **瑕疵の治癒が認められず**

瑕疵の治癒が認められなかった事例です。本判例は、更正処分の際に付記すべき理由の不備という違法は、**審査請求に対する裁決時に理由が明らかにされても治癒されない**としています（法人税増額更正事件）。

4 ◯

判例と同趣旨で正しい記述です（譲渡所得課税無効事件）。

5 ✗ **違法性が承継される**

違法性の承継が認められた事例です。安全認定が取り消されていなくても、建築確認の取消訴訟において、**安全認定が違法であるために同条例違反があると主張することは許される**とされています（たぬきの森マンション事件）。

行政行為の職権取消しと撤回

問題 13　行政法学上の行政行為の取消し又は撤回に関する記述として、判例、通説に照らして、妥当なのはどれか。　　　　　　　　　　特別区Ⅰ類2021

1　行政行為の取消しとは、行政行為の成立時は適法であったものが、後発の事情で当該行政行為を維持できなくなった場合に、これを消滅させることをいい、取消しは将来に向かってのみその効果を生じる。

2　行政行為の撤回とは、行政行為に成立当初から瑕疵があり、当該瑕疵を理由に行政行為を消滅させることをいい、行政行為が撤回されると、当該行政行為は成立時に遡って消滅する。

3　上級行政庁は、その指揮監督する下級行政庁が瑕疵ある行政行為を行った場合は、法律の根拠がなくても、指揮監督権を根拠として当該行為の撤回をすることができる。

4　最高裁判所の判例では、旧優生保護法により人工妊娠中絶を行い得る医師の指定を受けた医師が、実子あっせんを行ったことが判明し、医師法違反等の罪により罰金刑に処せられたため、当該指定の撤回により当該医師の被る不利益を考慮してもなおそれを撤回すべき公益上の必要性が高いと認められる場合に、指定権限を付与されている都道府県医師会は、当該指定を撤回できるとした。

5　最高裁判所の判例では、都有行政財産である土地について建物所有を目的とし期間の定めなくされた使用許可が当該行政財産本来の用途又は目的上の必要に基づき将来に向かって取り消されたときは、使用権者は、特別の事情のない限り、当該取消による土地使用権喪失についての補償を求めることができるとした。

　職権取消しと撤回について頻出の知識を問う問題です。**4**、**5**が判例からの出題ですが、正解できるようにしておきましょう。

1　✕　取消しではなく「撤回」　

　「行政行為の成立時は適法であったものが、後発の事情で当該行政行為を維持できなくなった場合に、これを消滅させること」を撤回といいます。撤回は**将来に向かってのみその効果（将来効）を生じます**。

2　✕　撤回ではなく「取消し」　

　「行政行為に成立当初から瑕疵があり、当該瑕疵を理由に行政行為を消滅させること」を取消しといいます。取消しがされると、その行政行為は**成立時に遡って消滅します**。

3　✕　撤回できるのは処分庁のみ　

　上級行政庁は、指揮監督権を根拠として当該行為の撤回をすることができません。

4　○

　判例と同趣旨で正しい記述です（菊田医師事件）。

5　✕　💡　補償を求めることができないとした

　判例は、使用許可が取り消された（撤回された）ときは、使用権者は、**特別の事情のない限り、当該取消し（撤回）による土地使用権喪失についての補償を求めることはできない**としています（築地市場事件）。

　問題文で「取り消された」、「取消」と表現されているのは、行政法学上は「撤回」の意味です。

難易度 B　行政行為の職権取消しと撤回

問題14　行政行為の取消し及び撤回に関する**ア〜エ**の記述のうち、妥当なもののみを全て挙げているのはどれか。

国家専門職2017

ア　行政行為の取消しとは、行政行為がその成立時から瑕疵を有することを理由として、当該行政行為の効力を消滅させる行為をいい、瑕疵ある行政行為は行政機関が職権で取り消すことができるが、その際法律による特別の根拠が必要である。

イ　旧優生保護法により人工妊娠中絶を行い得る医師の指定を受けた医師が、医師法違反等により有罪判決を受けたため、当該指定の撤回により当該医師の被る不利益を考慮しても、なおそれを撤回すべき公益上の必要性が高いと認められる場合、法令上その撤回について直接明文の規定がなくとも、指定権限を付与されている医師会は、当該指定を撤回することができるとするのが判例である。

ウ　旧農地調整法に基づく農地賃貸借契約の更新拒絶について、知事がその権限に基づいて許可を与えれば、それによって単に申請者だけが特定の利益を受けるのではなく、利害の反する賃貸借の両当事者を拘束する法律関係が形成されるため、たとえ申請者側に詐欺等の不正行為があったことが顕著であったとしても、知事は当該許可処分を取り消すことはできないとするのが判例である。

エ　行政財産である土地について建物所有を目的とし期間の定めなくされた使用許可が当該行政財産本来の用途又は目的上の必要性に基づき将来に向かって取り消されたときは、使用権者は、特別の事情のない限り、当該取消しによる土地使用権喪失についての補償を求めることはできないとするのが判例である。

1　イ　　　　　　2　エ　　　　　　3　ア、ウ

4　イ、エ　　　　5　ウ、エ

| 正 解 | 4

ウは細かい判例なので特に押さえておく必要はありません。**ア、イ、エ**の正誤判定は正確にできるようにしておきましょう。

ア ✕　取消しを根拠づける法律は不要

「取消し」の定義は正しいですが、行政行為の取消しを行うためには、その**取消しを根拠づける法律は特に必要ない**とされています。行政行為を根拠づける法律が取消しを行う根拠となるからです。

イ ○

判例と同旨で正しい記述です（菊田医師事件）。

ウ ✕ Skip▶ 詐欺等の不正行為が顕著なら取消し可能

本記述のような場合、「申請者側に詐欺等の不正行為があったことが顕著でない限り、処分をした行政庁もその処分に拘束されて処分後には先の処分は取消しができない」としています（農地賃貸借解約許可事件）。したがって、原則は取消しできないものの、申請者側に詐欺等の不正行為があったことが顕著であった場合まで取消しできないわけではありません。

エ ○

判例と同旨で正しい記述です。（築地市場事件）。

行政行為の職権取消しと撤回

難易度 A

問題 15 行政行為の瑕疵に関する記述として、通説に照らして、妥当なのはどれか。

特別区Ⅰ類2017

1 違法行為の転換とは、ある行政行為が本来は違法ないし無効であるが、これを別個の行政行為として見ると、瑕疵がなく適法要件を満たしていると認められる場合に、これを別個の行政行為として有効なものと扱うことをいう。

2 行政行為の撤回は、行政行為の成立当初は適法であったが、その後に発生した事情の変化により、将来に向かってその効力を消滅させる行政行為であり、その撤回権は監督庁のみ有する。

3 行政行為の取消しとは、行政行為が成立当初から違法であった場合に、行政行為を取り消すことをいい、その効果は遡及し、いかなる授益的行政行為の場合であっても、必ず行政行為成立時まで遡って効力は失われる。

4 行政行為の瑕疵の治癒とは、行政行為が無効であっても、その後の事情の変化により欠けていた要件が充足された場合、当該行政行為を行った処分庁が必ず当該処分を取り消すことによって、その行政行為を適法扱いすることをいう。

5 取り消しうべき瑕疵を有する行政行為は、裁判所によって取り消されることにより効力を失うものであり、取り消されるまでは、その行政行為の相手方はこれに拘束されるが、行政庁その他の国家機関は拘束されない。

正解 1

　1 を確実に**◯**と判定できるようにしておきましょう。それができればとても簡単な問題ということになります。**3** は少し細かい知識を必要とする問いになっていました。

1　◯
第2節 **2**

　違法行為の転換についての正しい説明です。

2　✕　撤回できるのは処分庁のみ
2

　前半の「撤回」の定義は正しいですが、後半の「撤回権は監督庁のみ有する」が誤っています。**撤回権は行政行為をした行政庁（処分庁）のみが有します**。

3　✕　Skip ▶︎　必ず遡って効力が失われるとはいえない

　取消しには原則遡及効がありますが、授益的行政行為の場合、相手方の信頼保護の要請から遡及効が制限されることもあります。例えば、生活保護の支給額を行政側のミスにより過大に認定した場合、認定が取り消されたとしても、将来に向かってのみ給付を減額するだけにとどめ、すでに給付済みの分については返還を求めない、とするような場合です。

4　✕　瑕疵の治癒は処分の取消しを伴わない
第2節 **2**

　瑕疵の治癒とは、「行政行為時に存在した瑕疵が、その後の事情により実質的に適法要件を具備した結果、当該行為を適法扱いすること」をいい、**行政行為は取消しになりません**。また、対象となるのは、軽微な瑕疵がある場合であって、瑕疵が重大な無効な行政行為に治癒を認める余地はありません。

5　✕　公定力は行政庁その他の国家機関も拘束
第1節 **3**

　公定力に関する記述です。公定力は、行政行為の相手方だけでなく、**行政庁その他の国家機関も拘束します**。

問題 16 行政法学上の行政行為の附款に関する記述として、通説に照らして、妥当なのはどれか。

特別区Ⅰ類2022

1 条件とは、行政行為の効力の発生、消滅を発生不確実な事実にかからしめる附款をいい、条件の成就により効果が発生する解除条件と、条件の成就により効果が消滅する停止条件に区別することができる。

2 期限とは、行政行為の効力の発生、消滅を発生確実な事実にかからしめる附款をいい、到来することは確実であるが、いつ到来するか確定していない不確定期限を付すことはできない。

3 負担とは、法令に規定されている義務以外の義務を付加する附款をいい、負担に対する違反は、本体たる行政行為の効力に直接関係するものではなく、また、不作為義務に係る負担を付すことはできない。

4 附款は、法律が付すことができる旨を明示している場合に付すことができるが、公益上の必要がある場合には、当該法律の目的以外の目的で附款を付すことができる。

5 附款なしでは行政行為がなされなかったであろうと客観的に解され、附款が行政行為本体と不可分一体の関係にある場合は、当該附款だけでなく行政行為全体が瑕疵を帯びるため、附款だけの取消訴訟は許されない。

正解 **5**

　4は附款の限界の１つです。全体として附款についての基本的な出題になっています。

1　✕　停止条件は成就から、解除条件は成就まで効果発生　①

　条件の定義は正しいですが、「条件の成就により効果が発生する」のは**停止条件**、「条件の成就により効果が消滅する」のは**解除条件**です。

2　✕　不確定期限を付すこともできる　①

　期限には、確定期限だけではなく、**不確定期限も含まれます**。

3　✕　不作為義務に係る負担を付すこともできる　①

　負担によって課される義務には、作為業務だけでなく、**不作為義務も含まれます**。

4　✕　目的の範囲を逸脱した附款は不可　②

　附款を付すことの根拠となる**法律が附款を付すことで実現しようとした目的以外の目的**で附款を付すことは**できません**。

5　○　②

　本記述の場合、附款だけの取消訴訟を提起することが許されないので、**本体たる行政行為についての取消訴訟を提起する**ことになります。

 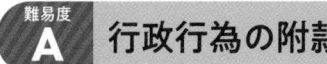

難易度 A　行政行為の附款

第3章第4節

問題 17　附款に関する**ア〜オ**の記述のうち、妥当なもののみを全て挙げているのはどれか。

国家専門職2018

ア　条件とは、相手方に特定の義務を命ずる附款であり、運転免許に付された眼鏡使用等の限定や道路占用許可に付された占用料の納付はこれに当たる。

イ　期限とは、行政行為の効力の発生・消滅を発生確実な事実にかからしめる附款をいうが、地方公務員の期限付任用について、最高裁判所は、地方公務員法に明文の規定がない限り許されないとしている。

ウ　負担に対する違反は、行政行為の効力に直接関係するものではなく、行政行為の撤回事由となるにとどまる。

エ　行政行為の撤回権を明文で留保する附款を撤回権の留保というが、明文の根拠がなくても一定の利益考量の下で行政行為の撤回は可能であり、抽象的に撤回できる旨の条項を設けても確認的な意味合いを持つにとどまる。

オ　附款は、本体たる行政行為に裁量が認められれば、当然に付すことができ、行政上の法の一般原則である比例原則に反しない限り、その内容に制限はない。

1　ア、イ
2　ア、ウ
3　イ、オ
4　ウ、エ
5　エ、オ

正解　4

　イは細かい判例なので、特に押さえておく必要はありません。**ア**、**オ**を**×**と確定できれば消去法で正解は絞り込めますので、比較的易しい問題といえます。

ア　×　特定の義務を命じる附款は「負担」

　運転免許に付された眼鏡使用等の限定や道路占用許可に付された占用料の納付は負担の具体例です。

イ　×　Skip▶　明文の規定がなくても許される

　判例は、「職員の期限付き任用も、それを必要とする特段の事由が存し、且つ、それが地方公務員法の趣旨に反しない場合においては、特に法律にこれを認める旨の明文がなくても許される」としています（期限付任用事件）。

ウ　〇

　負担に対する違反（不履行）は、**行政行為の効力に直接影響を与えません**。ただし、それを効力を失わせるべき後発的事情として、行政行為が撤回されることはあり得ます。

エ　〇

　明文の根拠がなくても公益上の必要性が高ければ行政行為の撤回は可能なので、撤回権の留保を明文で定めていなくても一定の利益考量のもとで撤回が可能な場合もあります。逆に、撤回権の留保として抽象的に撤回できる旨の条項を設けていても、正当な理由がなければ撤回はできませんので、**撤回権の留保は確認的な意味合いを持つにとどまる**ことになります。

オ　×　比例原則以外にも内容的制限となる原則がある

　附款に対する内容的な制限となる行政上の法の一般原則は、例えば**平等原則**など、比例原則以外にもあります。したがって、「比例原則に反しない限り、その内容に制限はない」とはいえません。

行政行為の附款

難易度 **B**

第3章第4節

問題 18　行政行為の附款に関する**ア**～**オ**の記述のうち、妥当なもののみを全て挙げているのはどれか。　　　　　　　　　　　　　　　　　　　　　　国家一般職2016

ア　附款は行政庁の裁量権行使の一環であるため、裁量権行使についての制約がかかることになり、明文の規定がなくとも、平等原則や比例原則に違反する附款は許されない。

イ　条件とは、行政行為の効力・消滅を発生確実な事実にかからしめる附款をいう。

ウ　附款は、あくまで主たる意思表示に付加された行政庁の従たる意思表示にすぎないから、本来の行政行為による効果以上の義務を相手方に課す負担を付す場合であっても、法律の根拠は不要である。

エ　行政行為を撤回するためには、あらかじめ撤回権を留保する附款を付さなければならない。

オ　附款は主たる意思表示に付加された行政庁の従たる意思表示であることから、附款のみを対象とする取消訴訟を提起することはできない。

1　ア
2　イ
3　ア、ウ
4　ウ、エ
5　エ、オ

正 解 1

イ、エを✕と判断することは容易ですが、正解に至るためにはさらにウを✕と判断する必要がありますので、少し難易度が高い問題です。

ア ○

附款を付す際にも行政上の法の一般原則による制約は及びますので、**明文の規定がなくても、平等原則や比例原則に違反する附款は許されません**。

イ ✕ 発生不確実な事実にかからしめる附款が「条件」

「行政行為の効力・消滅を発生確実な事実にかからしめる附款」は**期限**です。

ウ ✕ 負担には法律の根拠が必要

負担は、本来の行政行為による効果以上の義務を相手方に課すものなので、法律の留保の原則により、それを可能とする**法律の根拠が必要**です。

エ ✕ 公益上の必要性が高ければ撤回可能

あらかじめ撤回権を留保する附款を付していなくても、**公益上の必要性が高ければ、行政行為の撤回を行うことは可能**です。したがって、撤回をするために、必ずしも撤回権を留保する附款を付さなければならないわけではありません。

オ ✕ 💡 重要な要素でなければ可能

附款が行政行為本体の重要な要素であり不可分一体の関係にある場合、附款だけの取消訴訟は許されず、行政行為本体に対する取消訴訟を提起することになります。一方、**不可分一体の関係にない場合は、附款だけの取消訴訟も許されます**。

難易度 **B** 行政裁量

問題 19 行政行為と裁量に関する**ア〜エ**の記述のうち、判例に照らし、妥当なもののみを全て挙げているのはどれか。 国家専門職2023

ア 市立高等専門学校の校長が学生に対し原級留置処分を行うかどうかの判断は、校長の合理的な裁量に委ねられるべきものであるが、当該学校においては、内規の定めにより原級留置処分が2回連続してされると退学処分につながるものであるなどの事情を考慮すると、その学生に与える不利益の大きさに照らして、原級留置処分の決定に当たっても、退学処分の決定と同様に、慎重な配慮が要求される。

イ 土地収用法における補償金の額は、「相当な価格」などの不確定概念をもって定められており、通常人の経験則及び社会通念に従って客観的に認定され得るものとは解されないから、収用委員会には、補償の範囲及びその額の決定について裁量権が認められる。

ウ 高等学校用の教科用図書の検定の審査、判断は、申請図書について様々な観点から多角的に行われるもので、学術的、教育的な専門技術的判断であるから、事柄の性質上、文部大臣（当時）の合理的裁量に委ねられる。したがって、合否の判定、条件付合格の条件の付与等についての教科用図書検定調査審議会の判断の過程に看過し難い過誤があり、文部大臣の判断がこれに依拠してされたと認められる場合には、文部大臣の判断は裁量権の範囲を逸脱したといえる。

エ 県知事が行った児童遊園設置認可処分が、個室付浴場の営業の規制を主たる動機・目的としてなされたものであることが明らかである場合、当該認可処分は、政治的・道義的に非難されるべきものではあるが、行政権の濫用に相当する違法性があるとまではいえない。

1 ア 　　　　2 イ 　　　　3 ア、ウ
4 イ、エ 　　　5 ウ、エ

正解 **3**

イ、エを**✕**と判定することで**1**か**3**までは絞れますが、正解するためには、**ウ**を確実に**○**と判定しないといけないので、少し難易度が高いです。

ア ○

判例と同趣旨で正しい記述です。（エホバの証人剣道拒否事件）。

イ ✕ 補償の範囲、その額の決定は羈束行為

判例は、土地収用法における補償金の額は、**客観的に認定され得るもの**であり、収用委員会には、補償の範囲およびその額の決定について**裁量権が認められない**、としています（下松市土地収用事件）。

ウ ○

判例と同趣旨で正しい記述です（教科書検定訴訟）。

エ ✕ 💡 行政権の濫用に相当し、違法である

判例は、児童遊園設置認可処分が、個室付浴場の営業の規制を主たる動機・目的としてなされたものであることが明らかである場合、**行政権の濫用に相当し違法である**、としています（個室付浴場事件）。

難易度 B 行政裁量

問題 20 　行政裁量に関する記述として、判例、通説に照らして、妥当なのはどれか。
　　　　　　　　　　　　　　　　　　　　　　　　　　　特別区Ⅰ類2017

1　要件裁量とは、行政行為を行うか否か、またどのような内容の行政行為を行うかの決定の段階に認められる裁量をいい、決定裁量と選択裁量に区別することができる。

2　裁量権消極的濫用論とは、裁量の範囲は状況に応じて変化し、ある種の状況下では裁量権の幅がゼロに収縮するとし、この裁量権のゼロ収縮の場合は裁量がなくなり作為義務が生じるため、不作為は違法になることをいう。

3　行政事件訴訟法は、行政庁の裁量処分について、裁量権の範囲をこえた場合、裁判所はその処分を取り消さなければならないと定めているが、裁量の範囲内であれば、不正な動機に基づいてなされた裁量処分が違法とされることはない。

4　最高裁判所の判例では、道路法の規定に基づく車両制限令上の認定を数ヵ月留保したことが争われた事件について、道路管理者の認定は、基本的には裁量の余地のない確認的行為の性格を有することは明らかであるが、当該認定に当たって、具体的事案に応じ道路行政上比較衡量的判断を含む合理的な行政裁量を行使することが全く許容されないものと解するのは相当でないとした。

5　最高裁判所の判例では、都知事が小田急小田原線に係る都市計画変更を行う際に、喜多見駅付近から梅ヶ丘駅付近までの区間を一部掘割式とするほかは高架式を採用したのは、周辺地域の環境に与える影響の点で特段問題がないという判断につき著しい誤認があったと認められるため、行政庁にゆだねられた裁量権の範囲を逸脱したものとして違法であるとした。

正 解　**4**

正解の **4** は細かい判例について問うていますので、少し難易度が高い問題になっています。**1**、**3**、**5** はしっかり正誤判定ができるようにしておきましょう。

1　✗　「要件裁量」ではなく「効果裁量」

要件裁量とは、法定の要件が充足されているかどうかの認定段階における裁量のことです。

2　✗　Skip ▶｜　「裁量権消極的濫用論」ではなく「裁量権収縮論」

裁量権消極的濫用論とは、不行使が著しく不合理であるなど特定の事例において裁量権不行使が裁量権の濫用に該当し違法となり得るとする理論です。

3　✗　不正な動機に基づく裁量処分も違法

行政事件訴訟法30条の規定内容については正しいですが、裁量の範囲内であっても**不正な動機に基づいてなされた裁量処分は、裁量権の濫用として違法とされる**ことがあります。

4　○

判例と同趣旨で正しい記述です（通行認定留保事件）。本判例は、**いつ行政行為を行うかという「時の裁量」を認めた判例**とされています。

5　✗　著しい誤認があったとは認められず、違法でない

判例は、知事の判断に**著しい誤認があったとは認められず**、裁量権の範囲を逸脱しまたはこれを濫用したものとして**違法となるとはいえない**と判示しています（小田急高架化訴訟）。

問題 21 行政行為と裁量に関する**ア〜エ**の記述のうち、判例に照らし、妥当なもののみを全て挙げているのはどれか。　　　国家専門職2020

ア 個人タクシー事業の免許の申請者は公正な手続によって免許の許否につき判定を受けるべき法的利益を有するが、これに反する審査手続によって免許の申請の却下処分がされた場合であっても、いかなる審査手続を行うかについては行政庁に広範な裁量が認められるから、当該処分は違法とはならない。

イ 都市施設に係る都市計画の決定又は変更の内容の適否は、その基礎とされた重要な事実に誤認があること等により重要な事実の基礎を欠くこととなる場合、又は、事実に対する評価が明らかに合理性を欠くこと、判断の過程において考慮すべき事情を考慮しないこと等によりその内容が社会通念に照らし著しく妥当性を欠くものと認められる場合に限り、裁量権の範囲を逸脱し又はこれを濫用したものとして違法となる。

ウ 教科書検定の審査・判断は、申請図書について、その内容が学問的に正確であるか否かを判断するものにすぎないから、事柄の性質上、文部大臣（当時）に裁量は認められない。

エ 道路法の規定に基づく車両制限令で定める道路管理者の認定は、裁量の余地のない確認的行為の性格を有するものであり、その認定に当たって、具体的事案に応じ道路行政上比較衡量的判断を含む合理的な行政裁量を行使することは許されない。

1 ア
2 イ
3 ア、ウ
4 イ、エ
5 ウ、エ

正解 2

　エについての正誤判定ができないと正解が絞り切れない設定になっており、イも小田急高架化訴訟であると気づきにくい書き方になっています。やや難しい問題といえるでしょう。

ア ✗ 💡　　審査手続の設定、申請者への手続保障が必要　　②

　判例は、**審査基準を設定し、申請人に対し主張と証拠の提出の機会を与えなければならない**としており、いかなる審査手続を行うかについて行政庁に広範な裁量を認めてはいません（個人タクシー事件）。

イ ○　　②

　判例と同趣旨で正しい記述です（小田急高架化訴訟）。

ウ ✗　　文部大臣に裁量が認められる　　②

　判例は、教科書検定の審査、判断が学術的、教育的な専門技術的判断であることを理由として、**文部大臣（当時）の合理的な裁量に委ねられる**としています（教科書検定訴訟）。

エ ✗　合理的な裁量を行使することは許される　　②

　判例は、認定を数か月留保したことに対して、いつ行政行為を行うかという「時の裁量」を認めたうえで、「その認定に当たって、具体的事案に応じ道路行政上比較衡量的判断を含む**合理的な行政裁量を行使することは許される**」と判示しています（通行認定留保事件）。

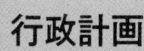
問題 22　行政法学上の行政計画に関する記述として、妥当なのはどれか。

特別区Ⅰ類2023

1　行政計画は、目標を設定し、その目標を達成するための手段を総合的に提示する条件プログラムである。

2　行政計画の策定には、必ず法律の根拠が必要であり、根拠法に計画の目標や策定の際に考慮すべき要素が規定される。

3　法的拘束力を持つ行政計画を拘束的計画といい、例として、土地区画整理法に基づく土地区画整理事業計画がある。

4　最高裁判所の判例では、都市計画区域内において工業地域を指定する決定は、当該地域内の土地所有者等に建築基準法上新たな制約を課すものであり、直ちに当該地域内の個人に対する具体的な権利侵害を伴う処分があったものとして、抗告訴訟の対象となるとした。

5　最高裁判所の判例では、都市計画法の基準に従って都市施設の規模、配置等に関する事項を定めるに当たっては、当該都市施設に関する諸般の事情を総合的に考慮して判断することが不可欠であるが、これを決定する行政庁の広範な裁量に委ねられるものではないとした。

正解 3

3を正解とシンプルに判断できれば易しい問題といえます。ただし、1は末尾に学習しなかった知識が問われているためまぎらわしく、4、5の判例問題も少し細かい内容です。

1 ✗ Skip ▶ **条件プログラムであるとはいえない**

条件プログラムとは、「○○ならば○○」という形で要件・効果を明確に示すものを指しますが、行政計画は、目的・目標を示す「目的プログラム」となっている傾向が強いとされています。

2 ✗ 非拘束的計画には法律の根拠不要 ②

非拘束的計画を策定する場合、法律の根拠は不要です。

3 ◯ ① ②

記述の内容は全体として妥当です。この拘束的計画に対して、法的拘束力を持たない行政計画を非拘束的計画といいます。

4 ✗ 💡 用途地域指定の決定は「処分」に当たらず ③

判例は、都市計画区域内において**工業地域を指定（用途地域の指定）する決定は、抗告訴訟（取消訴訟）の対象とならない**としています（盛岡用途地域指定事件）。

5 ✗ 広範な裁量に委ねられる 第3章第5節 ②

判例は、都市計画で都市施設の規模、配置等に関する事項を定めること（都市施設についての判断）は、**行政庁たる知事の広範な裁量に委ねられている**としています（小田急高架化訴訟）。

難易度 B　行政計画

問題 23　　行政計画に関する**ア～エ**の記述のうち、妥当なもののみを全て挙げているのはどれか。　　　　　　　　　　　　　　　　　　　　　　国家専門職2021

ア　行政計画とは、行政権が一定の公の目的のために目標を設定し、その目標を達成するための手段を総合的に提示するものであり、私人の行為を規制するような外部効果を有するか否かにかかわらず、その策定については法律の根拠を必要としない。

イ　行政計画の策定は多数の国民の権利利益に対して多様かつ長期的な影響を与えることから、行政手続法は、行政計画の策定に際し、公聴会の開催その他の適当な方法により利害関係者の意見を聴く機会を設ける努力義務を行政庁に課している。

ウ　都市計画区域内において工業地域を指定する決定は、当該地域内の土地所有者等に建築基準法上新たな制約を課し、その限度で一定の法状態の変動を生ぜしめるものであることは否定できないが、その効果は、新たに当該制約を課する法令が制定された場合と同様の当該地域内の不特定多数の者に対する一般的抽象的なものにすぎず、抗告訴訟の対象となる処分には当たらないとするのが判例である。

エ　地方公共団体が、一定内容の継続的な施策を決定し、特定の者に対し当該施策に適合する特定内容の活動を促す個別的具体的な勧誘等を行い、当該者が当該施策の相当長期にわたる存続を信頼して投資した後に当該施策を変更した場合、これにより当該者がその活動を妨げられ、社会観念上看過することのできない程度の積極的損害を被ることとなるときは、補償等の措置を講ずることなく当該施策を変更した地方公共団体は、それがやむを得ない客観的事情によるのでない限り、当該者に対する不法行為責任を負うとするのが判例である。

1　**ア、イ**　　　　　2　**ア、ウ**　　　　　3　**ア、エ**
4　**イ、エ**　　　　　5　**ウ、エ**

| 正　解 | 5 |

　ウ、**エ**は判例を問うており、長文なので**○**と確実に判定するのはなかなか大変です。**ア**、**イ**を**✕**と判定することで消去法で正解に至りましょう。

ア　✕　拘束的計画には法律の根拠が必要　2▶

　私人の行為を規制するような外部効果を有する**拘束的計画を策定するためには、法律の根拠が必要**とされています。

イ　✕ **　　行政手続法には行政計画の策定についての規定なし**　2▶

　行政手続法は、そもそも行政計画の策定手続を規律の対象としていませんので、**行政計画に関わる規定は、行政手続法には一切ありません**。

ウ　○　3▶

　判例は、本記述と同趣旨のことを述べたうえで、**都市計画区域内において工業地域（用途地域）を指定する決定は、抗告訴訟（取消訴訟）の対象とならない**としています（盛岡用途地域指定事件）。

エ　○　3▶

　判例は、本記述を同趣旨のことを述べたうえで、**地方公共団体による計画変更が不法行為責任を生じる場合がある**ことを示しています（宜野座村工場誘致事件）。

 行政指導

第4章第2節

問題 24 行政指導に関する**ア～オ**の記述のうち、妥当なもののみを挙げているのはどれか。

国家専門職2023

ア 行政指導は、その果たす機能により、規制的行政指導、助成的行政指導及び調整的行政指導に分類されるが、規制的行政指導には行政処分と同様に法律の根拠が必要であると一般に解されている。

イ 地方公共団体が、建築主に対し、建築物の建築計画につき一定の譲歩・協力を求める行政指導を行った場合において、建築主が、建築主事に対し、建築確認処分を留保されたままでは行政指導に協力できない旨の意思を真摯かつ明確に表明し、建築確認申請に対し直ちに応答することを求めたときは、特段の事情がない限り、それ以後の行政指導を理由とする建築確認処分の留保は違法となるとするのが判例である。

ウ 行政指導に携わる者は、その相手方に対し、当該行政指導の趣旨及び内容並びに責任者を明確に示さなければならない。また、行政指導が口頭で行われた場合に、これらの事項を記載した書面の交付を相手方から求められたときは、行政上特別の支障がない限り、これを交付しなければならない。

エ 行政指導に携わる者は、公益上必要があると認められる場合には、その相手方が行政指導に従わなかったことを理由として、不利益な取扱いをすることができる。

オ 法令に違反する事実がある場合において、その是正のためにされるべき行政指導がされていないと思料するときは、当該行政指導の根拠となる規定が法律に置かれているか否かにかかわらず、当該行政指導をする権限を有する行政機関に対し、何人もその旨を申し出て当該行政指導をすることを求めることができる。

1 ア、イ	**2** ア、エ	**3** イ、ウ
4 ウ、オ	**5** エ、オ	

ア、オを✖と確定することで、正解を**3**に絞り込みたい問題です。オで問われていることは細かい内容ですが、覚えておきましょう。

ア ✖ 💡　　　規制的行政指導にも法律の根拠は不要 ①

行政指導が規制的行政指導、助成的行政指導、調整的行政指導に分類されるとする点は正しいです。しかし、**行政指導を行うのに法律の根拠は不要**であり、その点は、規制的行政指導であっても変わりありません。

イ ○ ②

判例と同趣旨で正しい記述です（品川マンション事件）。

ウ ○ ③

条文どおりで正しい記述です（行政手続法35条1項、3項）。

エ ✖　不利益な取扱いは禁止 ②

行政指導に従わなかったことを理由に**不利益な取扱いをすることは禁じられており**、公益上必要があると認められる場合といった例外は規定されていません（行政手続法32条2項）。

オ ✖　根拠規定が法律に置かれていることが必要 ④

本記述のように、行政機関に対し行政指導をすることを求めることができるのは、当該行政指導の**根拠となる規定が法律に置かれている場合**に限られます（行政手続法36条の3）。

問題 25　行政指導に関する次の記述のうち、判例に照らし、妥当なのはどれか。

国家一般職2021

1　行政指導は、相手方に対する直接の強制力を有するものではないが、相手方にその意に反して従うことを要請するものであり、私人の権利又は利益を侵害するものであるから、法律の具体的根拠に基づいて行われなければならない。

2　地方公共団体が継続的な施策を決定した後に社会情勢の変動等により当該施策が変更された場合、当該決定が特定の者に対し特定内容の活動を促す勧告・勧誘を伴い、その活動が相当長期にわたる当該施策の継続を前提としてはじめてこれに投入する資金等に相応する効果を生じ得る性質のものであるなどの事情があったとしても、その者との間に当該施策の維持を内容とする契約が締結されていないときは、地方公共団体の不法行為責任は生じない。

3　水道法上、水道事業者である市は、給水契約の申込みを受けた場合、正当の理由がなければこれを拒むことができないが、申込者が行政指導に従わない意思を明確に表明しているときは、正当の理由が存在するとして、給水契約の締結を拒むことができる。

4　市が行政指導として教育施設の充実に充てるためにマンションを建築する事業主に対して寄付金の納付を求めることは、その寄付金の納付が強制にわたるなど事業主の任意性を損なうものであっても、その目的が市民の生活環境を乱開発から守ることにある場合には、行政指導の限界を超えるものではなく、違法とはいえない。

5　地方公共団体が、地域の生活環境の維持、向上を図るため、建築主に対し、建築物の建築計画につき一定の譲歩・協力を求める行政指導を行った場合において、建築主が、建築主事に対し、建築確認処分を留保されたままでは行政指導に協力できないという意思を真摯かつ明確に表明し、建築確認申請に対し直ちに応答すべきことを求めたときは、特段の事情が存在しない限り、それ以後の、当該行政指導が行われていることのみを理由とする建築確認処分の留保は違法となる。

正解 5

　長文で正誤の判定がしにくい記述が多く、難易度が高いです。とはいって
も、**1**、**3**、**4**は確実に✘と判断できるようにしましょう。

1　✘　行政指導に法律の根拠は不要　①

　行政指導は、相手方の任意の協力によって実現される行政側からのお願いに
過ぎないので、相手方にその意に反して従うことを要請するものではありませ
んし、**私人の権利または利益を侵害するものでもありません**。したがって、**法
律の具体的根拠に基づいて行う必要もない**と考えられています。

2　✘ Skip ▶ **地方公共団体の不法行為責任が生じる場合あり**

　判例は、「その者との間に当該施策の維持を内容とする契約が締結されてい
ないとき」であっても、地方公共団体に不法行為責任が生じる場合があること
を認めています（宜野座村工場誘致事件）。

3　✘　正当の理由とはならず　②

　判例は、申込者が行政指導に従わない意思を明確に表明していることは、**給
水契約の締結を拒む正当の理由にはならない**と判示しています（武蔵野市長給
水拒否事件）。

4　✘ 💡　行政指導の限界を超え違法　②

　判例は、寄付金の納付を求める行政指導が、それに従わない場合に給水契約
の締結を拒むなど事業主の任意性を損なうものであれば、たとえその目的が市
民の生活環境を乱開発から守ることにある場合であっても、**行政指導の限界を
超え、違法となる**としています（武蔵野市教育施設負担金事件）。

5　◯　②

　判例と同趣旨で正しい記述です（品川マンション事件）。

問題 26　行政手続法に規定する行政指導に関する記述として、妥当なのはどれか。

特別区Ⅰ類2017

1　行政指導に携わる者は、常に申請の取下げを求める行政指導をしてはならず、また、その相手方が行政指導に従わなかったことを理由として、不利益な取扱いをしてはならない。

2　行政指導に携わる者は、当該行政指導をする際に、行政機関が許認可等をする権限を行使し得る旨を示すときは、その相手方に対して、当該行政指導の趣旨を示さなければならないが、当該権限を行使し得る根拠となる法令の条項を示す必要はない。

3　行政指導が口頭でされた場合において、その相手方から当該行政指導の内容及び責任者を記載した書面の交付を求められたときは、当該行政指導に携わる者は、必ずこれを交付しなければならない。

4　許認可等をする権限を有する行政機関が、当該権限を行使することができない場合においてする行政指導にあっては、行政指導に携わる者は、当該権限を行使し得る旨を殊更に示すことにより相手方に当該行政指導に従うことを余儀なくさせるようなことをしてはならない。

5　行政運営における公正の確保と透明性の向上を図るため、地方公共団体の機関が行う行政指導については、行政手続法の規定を適用するが、国の機関又は地方公共団体に対する行政指導については、行政手続法の規定を適用しない。

　行政手続法の条文知識を問う問題です。正解である**4**をストレートに○と判断できるようにしましょう。標準的な問題です。

1　✕　申請の取下げを求める行政指導も可能

　申請の取下げを求める行政指導は禁止されていません。また、後半は、条文に照らして正しい記述です（行政手続法32条2項）。

2　✕　根拠法令の条項も明示が必要

　行政指導を行う際には、その趣旨等（趣旨、内容、責任者）を示す必要があります（行政手続法35条1項）。さらに、行政指導をする際に、行政機関が**許認可等をする権限を行使し得る旨**を示すときは、その相手方に対して、当該権限を行使し得る根拠となる**法令の条項**等を示す必要があります（同条2項）。

3　✕ 💡　特別の支障がある場合は交付不要

　確かに、行政指導が口頭でされた場合において、その相手方から当該行政指導の趣旨、内容、責任者を記載した**書面の交付を求められたとき**は、原則として、当該行政指導に携わる者は、これを交付しなければなりませんが、**行政上特別な支障がある場合は、交付する必要はありません**（行政手続法35条3項）。

4　○

　条文どおりで正しい記述です（行政手続法34条）。

5　✕　地方公共団体の行政指導には適用せず

　地方公共団体の機関が行う行政指導については、**行政手続法の規定は適用されません**（行政手続法3条3項）。なお、後半部分は正しい記述です（同法4条1項）。

問題 27 　行政手続法に規定する行政指導に関するA〜Dの記述のうち、妥当なものを選んだ組合せはどれか。　　　　　　　　特別区Ⅰ類2019

A 　同一の行政目的を実現するため一定の条件に該当する複数の者に対し行政指導をしようとするときは、行政機関は、あらかじめ、事案に応じ、行政指導指針を定め、かつ、行政上特別の支障がない限り、これを公表しなければならない。

B 　申請の取下げ又は内容の変更を求める行政指導にあっては、行政指導に携わる者は、申請者が当該行政指導に従う意思がない旨を表明したにもかかわらず当該行政指導を継続すること等により当該申請者の権利の行使を妨げるようなことをしてはならない。

C 　行政指導に携わる者は、当該行政指導をする際に、行政機関が許認可等に基づく処分をする権限を行使し得る旨を示すときは、その相手方に対して、当該権限を行使し得る根拠となる法令の条項、当該法令の条項に規定する要件を示せば足りる。

D 　行政指導に携わる者は、行政指導を口頭で行った場合において、その相手方から当該行政指導の趣旨及び内容並びに責任者を記載した書面の交付を求められたときは、必ずこれを交付しなければならない。

1　A　B
2　A　C
3　A　D
4　B　C
5　B　D

Cが少し細かい条文知識を問うているため、少し難易度の高い問題になっています。行政手続法の条文の知識は極力正確なものにしておきましょう。

A　○

条文どおりで正しい記述です（行政手続法36条）。

B　○

条文どおりで正しい記述です（行政手続法33条）。

C　✕　要件適合理由も必要

行政指導に携わる者は、当該行政指導をする際に、行政機関が**許認可等に基づく処分をする権限を行使し得る旨を示すとき**は、その相手方に対して、❶当該権限を行使し得る根拠となる**法令の条項**、❷当該法令の条項に規定する**要件**だけでなく、❸当該権限の行使が❷の**要件に適合する理由も**示さなければなりません（行政手続法35条2項）。

D　✕　特別の支障がある場合は交付不要

確かに、行政指導が口頭でされた場合において、その相手方から当該行政指導の趣旨、内容、責任者を記載した**書面の交付を求められたとき**は、原則として、当該行政指導に携わる者は、これを交付しなければなりませんが、**行政上特別な支障がある場合は、交付する必要はありません**（行政手続法35条3項）。

 行政指導 　　　　　　　　　　　　第4章第2節

問題 28　行政指導に関する**ア〜エ**の記述のうち、妥当なもののみを全て挙げているのはどれか。　　　　　　　　　　　　　　　　　　　　国家専門職2021

ア　行政指導に携わる者は、その相手方に対して、当該行政指導の趣旨及び内容を書面で明確に示さなければならず、また、その相手方から当該行政指導の責任者の教示を求められたときは、口頭又は書面で示さなければならない。

イ　法令に違反する行為の是正を求める行政指導であって、その根拠となる規定が法律に置かれているものの相手方は、当該行政指導がその相手方について弁明その他意見陳述のための手続を経てされた場合を除き、当該行政指導が当該法律に規定する要件に適合しないと思料するときは、当該行政指導をした行政機関に対し、その旨を申し出て、当該行政指導の中止その他必要な措置をとることを求めることができる。

ウ　地域の生活環境の維持、向上を図るために、建築主に対し、建築物の建築計画につき一定の譲歩・協力を求める行政指導を行い、建築主が任意にこれに応じていると認められる場合には、建築主事が、社会通念上合理的と認められる期間、申請に係る建築計画に対する確認処分を留保しても、これをもって直ちに違法であるとはいえないとするのが判例である。

エ　同一の行政目的を実現するため一定の条件に該当する複数の者に対し行政指導をしようとするときは、行政機関は、あらかじめ、事案に応じ、行政指導指針を定めるよう努めなければならず、かつ、行政上特別の支障がない限り、これを公表するよう努めなければならない。

1　ア、エ
2　イ、ウ
3　ウ、エ
4　ア、イ、ウ
5　イ、ウ、エ

正解 2

　問題文が長いので、**イ、ウ**を○と自信を持って判定するのは難しく、消去法でアプローチすべきでしょう。**ア、エ**を✕と確定することで十分正解できる問題です。

ア　✕　明示は口頭でも書面でも可　　　　　　　　　　　　③

　行政指導に携わる者は、その相手方に対して、当該行政指導の趣旨および内容を明確に示す必要がありますが、**書面で示す必要はありません**。また、同様に口頭か書面かは問わないものの、**教示を求められなくても責任者を明示する必要があります**（行政手続法35条1項）。

イ　○　　　　　　　　　　　　　　　　　　　　　　　　④

　条文どおりで正しい記述です（行政手続法36条の2第1項）。

ウ　○　　　　　　　　　　　　　　　　　　　　　　　　②

　判例は、建築主が**任意にこれに応じていると認められる場合**には、確認処分を留保しても、**直ちに違法とはいえない**としています（品川マンション事件）。

エ　✕💡　行政指導指針は制定も公表も法的義務　　　③

　行政指導指針を定めることは**努力義務ではなく、法的義務**です（行政手続法36条）。また、定められた行政指導指針の**公表についても、行政上特別の支障がない限り、法的義務**です（同条）。

問題 29　行政手続法に規定する行政指導に関する記述として、妥当なのはどれか。
特別区Ⅰ類2011

1　申請の取下げ又は内容の変更を求める行政指導にあっては、行政指導に携わる者は、行政上特別の支障があるときに限り、申請者が当該行政指導に従う意思がない旨を表明しても当該行政指導を継続しなければならない。

2　行政指導は、相手方に対して、当該行政指導の趣旨及び内容並びに責任者を明確に示さなければならないので、行政指導を行う場合は、口頭ではなく、書面を交付しなければならない。

3　行政指導とは、行政機関がその任務において一定の行政目的を実現するため、特定の者に一定の作為又は不作為を求める指導、勧告、処分、助言に該当する行為である。

4　行政指導の最大の効用は、法律の不備や欠陥を補って新しい行政需要に機敏に対応するところにあるため、行政機関の所掌事務の範囲外の事項でも行政指導を行うことができる。

5　同一の行政目的を実現するため一定の条件に該当する複数の者に対し行政指導をしようとするときは、行政機関はあらかじめ事案に応じ、行政指導指針を定め、かつ、行政上特別の支障がない限り、これを公表しなければならない。

正解 5

　各記述とも行政手続法の条文知識を求めています。確実に正誤の判定ができるようにしておきたい問題です。

1　✕　従う意思がない旨を表明した申請者への行政指導継続は不可

　申請者が当該行政指導に**従う意思がない旨を表明した場合**には、当該**行政指導を継続すること等により権利の行使を妨げるようなことをしてはなりません**（行政手続法33条）。

2　✕　明示は口頭でも書面でも可

　前半は条文どおりで正しい記述です（行政手続法35条1項）。しかし、行政指導の方式については特に規定がなく、**書面を交付せず口頭で行うことも可能**です。

> ひとこと
> なお、行政指導を口頭で行う場合、趣旨・内容・責任者について書面の交付を求められた場合は、原則として書面を交付する必要が生じます（行政手続法35条3項）。

3　✕　処分に該当する行為は含まれず

　行政指導は、「行政機関がその任務又は所掌事務の範囲内において一定の行政目的を実現するため特定の者に一定の作為又は不作為を求める指導、勧告、助言その他の行為であって処分に該当しないものをいう」と定義され（行政手続法2条6号）、**処分に該当するものは除外**されます。

4　✕　所掌事務の範囲内に限られる

　前半は行政指導についての説明として正しい説明です。しかし、行政指導は、「行政機関がその任務又は所掌事務の範囲内において」行えるものであり（行政手続法2条6号）、**所掌事務の範囲外の事項については行えません**。

5　○

　条文どおりで正しい記述です（行政手続法36条）。

問題 30　　行政契約に関する次の記述のうち、妥当なのはどれか。

国家専門職2022

1　行政契約は行政作用の一形式であるため、行政契約の一方当事者である私人は、契約に関して訴訟を提起する場合、他の行政の行為形式の場合と同様に、行政事件訴訟法に定める抗告訴訟によらなければならない。

2　行政契約は、当事者の意思の合致により成立するため、その内容が国民に義務を課すものや、国民の権利を制限するものであっても、法律の根拠を要しないと一般に解されており、契約の中で、契約違反に対する罰則を設けることや、地方公共団体の職員による強制力を伴う立入検査権について定めることも認められる。

3　行政契約は、契約や協定の当事者のみを拘束するのが原則であるが、建築基準法上の建築協定や、景観法上の景観協定のように、私人間で協定を締結し、行政庁から認可を受けることにより、協定の当事者以外の第三者に対しても効力を有するものがある。

4　水道事業者は、給水区域内の需要者から給水契約の申込みを受けたときは、正当の理由がなければこれを拒んではならず、マンション分譲業者からの給水契約の申込みに対し、水資源のひっ迫を理由にこれを拒むことができるのは、長期間の断水を余儀なくされるなど現実に深刻な水不足が顕在化した場合に限られ、近い将来に予見される事情を考慮することは許されないとするのが判例である。

5　廃棄物の処理及び清掃に関する法律には、処分業者による事業や処理施設の廃止については、知事に対する届出で足りる旨が規定されているものの、処分業者が、公害防止協定において、協定の相手方に対し、その事業や処理施設を将来廃止する旨を約束することは、処分業者自身の自由な判断で行えることではなく、その結果、同法に基づき処分業者が受けた知事の許可が効力を有する期間内に事業や処理施設が廃止されることがあったときは、知事の専権に属する許可権限を制約することになり、同法に抵触するとするのが判例である。

正解 **3**

　マイナー分野なので比較的難易度の高い問題になっていますが、各記述とも行政契約の分野では覚えておきたい重要な知識を問うています。

1　✕　民事訴訟または当事者訴訟を提起

　私法上の契約であれば民事訴訟、公法上の契約であれば当事者訴訟を提起します。

2　✕　罰則や強制力は認められず

　行政契約が持つ効力はあくまでも契約としての効力です。たとえ契約違反があったとしても、**罰則**を課す、**行政上の強制執行**を行う、**強制力**を伴う立入検査を行う、といったことは認められません。

3　◯

　本記述のように、行政契約の中には、**第三者に効力が及ぶもの**があります。

4　✕　近い将来に予見される事情を考慮することは許される

　判例は、近い将来需要に応じきれなくなり深刻な**水不足を生ずることが予測される状態**にあることも考慮に入れつつ、給水を拒否する正当な理由があったと認定しています（志免町給水拒否事件）。

5　✕　自由な判断で行え、同法に抵触しない

　判例は、協定の相手方に対し、その事業や処理施設を将来廃止する旨を約束することは、**処分業者自身の自由な判断で行える**ことであるとしたうえで、協定で処理施設の使用期限を約束することも、廃棄物処理法に抵触するものではないとしています（福間町公害防止協定事件）。

□□□

行政上の強制執行

問題 31　行政代執行法に規定する代執行に関する記述として、妥当なのはどれか。

1　代執行のために現場に派遣される執行責任者は、その者が執行責任者たる本人であることを示すべき証票を携帯し、要求がなくとも、これを呈示しなければならない。

2　代執行は、他人が代わってなすことができる行為である代替的作為義務に限られず、不作為義務も対象となり、行政庁は第三者をしてこれをなさしめることができる。

3　行政庁は、国税滞納処分の例により、代執行に要した費用を徴収することができ、その代執行に要した費用については、国税及び地方税に次ぐ順位の先取特権を有する。

4　法律に基づき行政庁により命ぜられた行為について義務者がこれを履行しない場合において、他の手段によってその履行を確保することが困難であるとき、又はその不履行を放置することが著しく公益に反すると認められるときは、当該行政庁は、自ら義務者のなすべき行為をなすことができる。

5　代執行をなすには、あらかじめ文書での戒告の手続を経て、代執行令書をもって義務者に通知しなければならないが、非常の場合又は危険切迫の場合において、急速な実施について緊急の必要があれば、いかなるときも、行政庁は、文書での戒告の手続を経ないで代執行をすることができる。

正　解　3

　行政代執行法の条文知識を問う問題です。**3**、**5**は条文の細かいところを問うていますが、**1**、**2**、**4**はきちんと正誤判定できるようにしましょう。

1　**✕**　証票は要求があれば呈示

　責任者であることを示すべき証票は携帯する義務がありますが、それを**呈示する義務が生じるのは要求があった場合**です（行政代執行法4条）。

2　**✕**💡　不作為義務は行政代執行の対象外

　行政代執行の対象となるのは代替的作為義務に限られ、**不作為義務や非代替的作為義務は対象になりません**。なお、行政庁は第三者に行政代執行を代わりにさせることができます。

3　**○**

　条文どおりで正しい記述です（行政代執行法6条1項、2項）。

4　**✕**　「又は」ではなく「かつ」

　行政代執行を実施するためには、「他の手段によってその履行を確保することが困難であるとき」と「その不履行を放置することが著しく公益に反すると認められるとき」の**双方を満たす必要があり**、どちらかしか満たしていない場合には行政代執行を実施できません。

5　**✕**　「手続をとる暇がない」ことも必要

　文書での戒告の手続および代執行令書による通知の手続を省略できるのは、「❶非常の場合又は危険切迫の場合において、❷急速な実施について緊急の必要があり、❸前2項に規定する**手続をとる暇がないとき**」と規定されています（行政代執行法3条3項）。❶❷だけでは、「いかなるときも文書での戒告の手続を経ないで代執行をすることができる」とはいえません。

問題 32 行政上の義務履行確保に関する**ア〜オ**の記述のうち、妥当なもののみを全て挙げているのはどれか。

国家一般職2019

ア 直接強制は、行政上の義務者の身体又は財産に直接強制力を行使して義務の履行があった状態を実現するものであり、その性質上、法令の根拠が必要であるが、条例は住民の代表機関である議会によって制定されたものであるから、条例を根拠として直接強制を行うことができると一般に解されている。

イ 執行罰は、行政上の義務者に一定額の過料を課すことを通告して間接的に義務の履行を促し、なお義務を履行しない場合にこれを強制的に徴収するものであるが、相手方が義務を履行するまで反復して執行罰を課すことは、二重処罰を禁止した憲法の趣旨に照らし、許されない。

ウ 農業共済組合が、法律上特に独自の強制徴収の手段を与えられながら、この手段によることなく、一般私法上の債権と同様、訴えを提起し、民事執行の手段によって債権の実現を図ることは、当該法律の立法趣旨に反し、公共性の強い農業共済組合の権能行使の適正を欠くものとして、許されないとするのが判例である。

エ 行政代執行をなし得るのは、原則として代替的作為義務であるが、非代替的作為義務であっても、他の手段によって履行を確保することが困難であり、かつ、不履行を放置することが著しく公益に反すると認められるときは、例外的に行政代執行をなし得ることが行政代執行法上定められている。

オ 行政代執行のために現場に派遣される執行責任者は、その者が執行責任者本人であることを示すべき証票を携帯し、要求があるときは、いつでもこれを呈示しなければならない。

1　ア、イ
2　ア、ウ
3　イ、エ
4　ウ、オ
5　エ、オ

正　解 **4**

アをきちんと覚えておけば、**ア**、**エ**が✖で正解は **4** と絞り込めます。標準的なレベルの問題です。

ア ✖ 💡　条例は行政上の強制執行の根拠とならず　①
　直接強制を含む「行政上の強制執行」には「法律」の根拠が必要です。さらに行政代執行法 1 条、2 条の規定の仕方からここでの「法律」に条例は含まれず、**条例を根拠として直接強制を行うことはできない**、と一般に考えられています。

イ ✖ 執行罰は刑罰に該当せず　⑤
　前半の執行罰の定義は正しいですが、執行罰は刑罰ではないので、反復して科したとしても**二重処罰を禁止した憲法の趣旨に反しません**（憲法39条）。

ウ ○　③
　判例と同趣旨で正しい記述です（茨城県農業共済組合事件）。

エ ✖ 非代替的作為義務は行政代執行の対象外　②
　行政代執行の対象になるのは**代替的作為義務に限定**されており、非代替的作為義務は例外的にでも行政代執行の対象となりません。

オ ○　②
　条文どおりで正しい記述です（行政代執行法 4 条）。

B 行政上の強制執行

問題 33 行政法学上の執行罰又は直接強制に関する記述として、通説に照らして、妥当なのはどれか。 特別区Ⅰ類2018

1 執行罰は、地方公共団体においては、条例を根拠規範とすることができるが、直接強制は、条例を根拠規範とすることができない。

2 執行罰は、代替的作為義務又は非代替的作為義務の不履行に対して適用することはできるが、不作為義務の不履行に対して適用することはできない。

3 執行罰は、義務を履行しない者に対し過料を課す旨を通告することで義務者に心理的圧迫を与え、義務を履行させる強制執行制度であるが、当該義務が履行されるまで反復して課すことはできない。

4 直接強制は、義務者の身体又は財産に対し、直接に実力を加え、義務が履行された状態を実現させる強制執行制度であり、個別法で特に定められた場合にのみ認められる。

5 直接強制は、義務を課した行政が自ら義務を強制執行するものであり、自力救済を禁止された国民には認められていない特別な手段であるため、直接強制を許容する一般法として行政代執行法が制定されている。

正解 4

　消去法でも正解できますが、**4**をストレートに◯と判断できることが望ましいです。基本的な問題といえます。

1　✕　条例は行政上の強制執行の根拠とならず

　執行罰を含む「行政上の強制執行」は、**条例を根拠規範とすることができません**。

2　✕　不作為義務の不履行も執行罰の対象

　執行罰は非代替的な義務の不履行に対して義務者の履行を促すものであり、**非代替的作為義務、不作為義務が対象**となり得ます。

3　✕　反復して科すことが可能

　前半の執行罰の定義は正しいです。しかし、**執行罰は反復して科すことが可能**です。なぜなら、刑罰ではないので二重処罰を禁止した憲法39条に反しないからです。

4　◯

　前半の直接強制の定義は正しいです。さらに、直接強制には、その根拠となる一般法がないので、**直接強制を行えるのは、個別法で特に定めがある場合**に限られます。

5　✕　行政代執行法は行政代執行のみの一般法

　行政代執行法には、**行政代執行についての定めしかなく**、直接強制を許容する一般法として制定されていません。なお、**直接強制には一般法はありません**。

問題 34 行政強制に関する**ア〜オ**の記述のうち妥当なもののみを全て挙げているのはどれか。 国家専門職2015

ア 直接強制とは、行政上の義務を義務者が履行しない場合に、行政庁が義務者の身体又は財産に直接実力を加え、義務が履行されたのと同一の状態を実現することをいう。

イ 即時強制とは、あらかじめ課された義務の存在を前提とせず、行政上の目的を達するため、直接身体又は財産に対して有形力を行使することをいう。

ウ 即時強制は、時間的に切迫した状況で行われることから、いかなる場合であっても、裁判官の令状が権限発動の要件とされることはない。

エ 行政代執行の対象となる行政上の義務は、法律によって直接に命ぜられたものだけではなく、法律の委任に基づいて制定される条例による義務の場合も、行政代執行法に基づく代執行を行うことができる。

オ 地方公共団体は、条例に基づき行政庁により命ぜられた行為を義務者が履行しない場合に備えて、直接強制の規定を条例に置くことができる。

1 ア、イ
2 イ、ウ
3 エ、オ
4 ア、イ、エ
5 ウ、エ、オ

正 解 **4**

ア、**イ**は簡単ですが、**エ**の正誤判定もできないと正解には至れません。**エ**は条文の正確な知識が求められているので少し難易度が高い問題といえます。

ア ◯

第1節 4

直接強制についての説明として正しい記述です。

イ ◯

1

即時強制についての説明として正しい記述です。

ウ ✕ Skip ▶ 裁判官の令状を権限発動の要件とするものもあり

即時強制は、人権侵害の度合いの強いものについては、個別法で裁判官の令状が権限発動の要件とされている場合もあります。例えば、警察官による身柄の保護が24時間を超える場合について、令状が要件とされています(警察官職務執行法3条3項)。

エ ◯

第1節 2

行政代執行の対象になるのは、法律によって直接に命じられた義務だけでなく、**法律の委任に基づいて制定される条例による義務も含みます**。

オ ✕ 条例は行政上の強制執行の根拠とならず

第1節 1

「行政上の強制執行」の1つである直接強制を行うためには法律の根拠が必要であり、**条例を根拠として直接強制を行うことはできない**、と一般に考えられています。

問題 35　行政上の義務の履行確保に関する**ア～オ**の記述のうち、妥当なもののみを全て挙げているのはどれか。ただし、争いのあるものは判例の見解による。

国家一般職2015

ア　行政刑罰は、刑法以外の法律に規定された犯罪であるが、刑法に刑名のある罰を科すものであるから、原則として刑事訴訟法の規定の適用がある。

イ　行政刑罰と行政上の秩序罰を併科することは、二重処罰を禁止した憲法第39条に違反する。

ウ　執行罰について、相手方が義務を履行するまでこれを反復して科すことは、二重処罰を禁止した憲法第39条に違反する。

エ　直接強制は、法律を根拠規範としなければならず、条例を根拠規範とすることはできない。

オ　地方公共団体の条例・規則違反に対する過料は、非訟事件手続法の規定により、他の法令に別段の定めがある場合を除いて、過料に処せられるべき者の住所地の地方裁判所によって科されることになる。

1　ア、ウ

2　ア、エ

3　イ、エ

4　イ、オ

5　ウ、オ

正解 2

　イ、**ウ**は平易な内容であり、この２つが✕と確定できれば、正解は**2**と絞り込めます。基本的な問題です。

ア ○　　　　　　　　　　　　　　　　　　　　　　　　　　2

　行政刑罰についての説明として正しい記述です。

イ ✕　二重処罰に当たらず　　　　　　　　　　　　　3

　秩序罰は刑罰そのものではないので、行政刑罰と秩序罰を併科することは、二重処罰を禁止した憲法39条に違反するものではありません。

ウ ✕　二重処罰に当たらず　　　　　　　　　　　第1節 5

　執行罰は、将来に向かって必要な状態を実現するための行政上の強制執行であって、**刑罰ではありません**。したがって、相手方が義務を履行するまで執行罰を反復して科したとしても、二重処罰を禁止した憲法39条に違反するものではありません。

エ ○　　　　　　　　　　　　　　　第1節 1　4

　「行政上の強制執行」の１つである直接強制を行うためには法律を根拠規範とする必要があり、**条例を根拠規範とすることはできません**。

オ ✕ 　　　地方公共団体の長が行政行為の形で科す　　2

　条例や規則に根拠がある過料を科す場合、地方自治法に基づき、**地方公共団体の長が行政行為（処分）の形で科す**ことになります。非訟事件手続法の規定により科されるのは、法律に根拠がある過料を科す場合です。

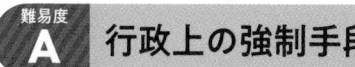
問題 36 行政上の義務履行確保等に関する**ア**〜**エ**の記述のうち、妥当なものみを全て挙げているのはどれか。　　　　　　　　国家一般職2022

ア 行政代執行法に基づき代執行をなし得るのは、他人が代わってなすことのできる代替的作為義務が履行されない場合のほか、営業停止や製造禁止といった不作為義務が履行されない場合も含まれる。

イ 法人税法が定めていた追徴税（当時）は、単に過少申告・不申告による納税義務違反の事実があれば、同法所定のやむを得ない事由のない限り、当該納税義務違反の法人に対し課せられるものであり、これによって、過少申告・不申告による納税義務違反の発生を防止し、もって納税の実を挙げようとする趣旨に出た行政上の措置と解すべきであるから、同法の定める追徴税と罰金とを併科することは、憲法第39条に違反しないとするのが判例である。

ウ 即時強制とは、相手方の義務の存在を前提とせずに、行政機関が人又は物に対して実力を行使する事実行為をいう。即時強制は、緊急の危険から私人を保護することや、公共の秩序や民衆に危険が及ぶことを防止することを目的としており、その実施の判断は行政機関の裁量に委ねられる必要があるため、原則として即時強制を実施するための根拠規定は不要である。

エ 国税徴収法は、国税債権の徴収に関わる手続を定めているが、同法に定められている厳格な手続は、国税債権以外の行政上の金銭債権の徴収にも広く適用されるべき一般的手続である。このため、国税債権以外の行政上の金銭債権の徴収に当たり、国税徴収法の定める徴収手続を適用する場合には、個別の法律において国税徴収法の定める徴収手続を適用するための明文の規定は不要である。

1 イ

2 ア、イ

3 ア、ウ

4 イ、エ

5 ウ、エ

正解 1

　ア、エが✗と確定できれば正解を絞り込めますが、本節で学習した**イ**、第2節で学習した**ウ**のいずれも基本的知識を問うています。すべての記述をきちんと正誤判定できるようにしておきたい問題です。

ア　✗　不作為義務は行政代執行の対象外 　　第1節 ②

　行政代執行の対象となり得るのは、**代替的作為義務**が履行されない場合に限られます。営業停止や製造禁止といった不作為義務が履行されない場合は行政代執行の対象となりません。

イ　〇 ③

　判例は、本記述のように述べ、追徴税と罰金とを併科することは憲法39条に違反しないと判示しています。

ウ　✗　法律または条例の根拠が必要 　　第2節 ②

　即時強制は、相手方の義務の存在を前提とせずに、行政機関が人または物に対して実力を行使する事実行為をいうとする点は正しいです。しかし、即時強制は私人に対して不利益を強制するものであるので、法律の留保の原則に基づき、**実施するためには根拠規定が必要**です。この根拠規定には法律のほか条例が含まれます。

エ　✗　個別法での明文規定が必要 　　第1節 ③

　国税徴収法は、あくまでも国税債権の徴収に関わる手続を定めている個別法であって、**強制徴収手続について定めた一般法ではありません**。したがって、国税債権以外の行政上の金銭債権の徴収に当たり、国税徴収法の定める徴収手続を適用するためには、個別の法律において国税徴収法の定める徴収手続を準用できるようにする明文の規定が必要です。

ひとこと　多くの個別法で国税徴収法を準用していることから、事実上一般法のように機能しているだけで、一般法ではありません。

問題 37 行政上の義務履行確保に関する**ア**～**オ**の記述のうち、妥当なもののみを全て挙げているのはどれか。 国家専門職2022

ア 行政代執行の手続として、履行義務について相当の期限を定め、期限までにその義務が履行されない場合に代執行が行われる旨を戒告した上で、義務者がなお義務を履行しないときに代執行令書により代執行をなすべき時期等を通知する必要があるが、これらの戒告や通知は取消訴訟の対象となると一般に解されている。

イ 直接強制は、緊急の場合や義務を命ずることによっては目的を達成しがたい場合に、相手方の義務の存在を前提とすることなく、行政機関が直接に身体又は財産に対して実力を行使することにより、行政上望ましい状態を実現する制度である。

ウ 執行罰は、義務を履行しない義務者に対して過料を課す旨を通知することで心理的圧迫を与え、義務を履行させる制度であり、一般法として行政代執行法の適用を受ける。また、砂防法をはじめ執行罰を認める個別法が数多く存在する。

エ 執行罰は、代替的作為義務又は非代替的作為義務の不履行に対して適用することはできるが、不作為義務の不履行に対して適用することはできない。

オ 行政刑罰は、刑法以外の法律に規定された犯罪に科される制裁であるが、懲役や罰金など刑法に刑名のある罰を科すものであるから、原則として刑事訴訟法の規定の適用がある。

1 ア、エ
2 ア、オ
3 イ、ウ
4 イ、オ
5 エ、オ

正解 2

アは細かい知識を問うていますが、**イ**、**エ**を✕と確定することで、消去法で正解を絞り込めます。

ア ○ Skip ▶

行政代執行をするために、原則として、文書による戒告および代執行令書による通知の手続を執る必要があります（行政代執行法3条）。そして、文書による戒告や代執行令書による通知は、取消訴訟の対象となります。

イ ✕ 💡 義務を前提としないのは「即時強制」 第1節 ④ 第2節 ①

直接強制は、**相手方の義務の存在を前提として**、その不履行があった場合に、行政機関が直接に身体または財産に対して実力を行使するものです。

ウ ✕ 行政代執行法は行政代執行のみの一般法 第1節 ⑤

執行罰は、義務を履行しない義務者に対して過料を科す旨を通知することで心理的圧迫を与え、義務を履行させる制度です。したがって、前半は正しいですが、行政代執行法には執行罰についての規定は一切存在せず、**行政代執行法は執行罰の一般法ではありません**。

エ ✕ 不作為義務の不履行に対しても適用可能 第1節 ⑤

執行罰は、非代替的作為義務や不作為義務といった、行政代執行の対象外となっている義務の不履行の場合に適した強制手段と考えられています。したがって、**不作為義務の不履行に対しては適用することができます**。

オ ○ ②

行政刑罰についての説明として正しい記述です。

問題 38 行政上の義務履行確保に関する次の記述のうち、妥当なのはどれか。

国家一般職2013

1 行政代執行法に基づく代執行の対象となる義務は法律により直接成立する義務に限定され、行政庁によって命ぜられた行為は対象とならない。

2 直接強制は、義務者が義務を履行しない場合に、直接、義務者の身体又は財産に実力を行使して、義務の履行があった状態を実現するものであるが、直接強制について一般法は制定されておらず、個別法の定めによっている。

3 一定額の過料を課すことを通じて間接的に義務の履行を促す執行罰は、行政罰の一類型であり、相手方の義務の不履行の状態が続いているからといって、反復して課すことはできない。

4 金銭債権について、法律が行政上の強制徴収の手段を設けている場合であっても、この手段によることなく、一般の金銭債権と同様に、民事上の強制執行を行うことができるとするのが判例である。

5 納税義務の違反者に対して課される加算税と刑事罰の併科は、憲法第39条に定める二重処罰の禁止に抵触し、許されないとするのが判例である。

正解 2

　1～4は第1節で学習した内容、5のみが第3節の学習内容になります。各記述とも基本知識であり、しっかり正誤の判定ができるようにしておきましょう。

1　✕　行政庁により命ぜられた行為も対象　　　第1節 2

　行政代執行は、❶**法律により直接に命ぜられた代替的作為義務**だけでなく、❷**法律に基づき行政庁により命ぜられた代替的作為義務**も対象とします（行政代執行法2条）。

2　○　　　第1節 4

　前半の直接強制の定義は正しいです。また、直接強制について一般法は制定されていないので、**実施するためには個別法の定めが必要**であることから、後半も正しい内容です。

3　✕　執行罰の反復は二重処罰に当たらず　　　第1節 5

　執行罰は行政上の強制執行の一類型であり、**刑罰ではありません**。したがって、反復して科したとしても二重処罰の禁止（憲法39条）に抵触することはありません。

4　✕　民事上の強制執行は不可　　　第1節 3

　判例は、法律が行政上の強制徴収の手段を設けている場合には、**この手段によることなく民事上の強制執行を行うことはできない**としています（茨城県農業共済組合事件）。

5　✕　二重処罰に当たらず　　　3

　納税義務の違反者に対して課される**加算税は刑罰ではない**ことから、刑事罰と併科したとしても二重処罰の禁止（憲法39条）に抵触しません（判例）。

難易度 **A** **申請に対する処分**

第6章第1節

問題 39　行政手続法上の申請に対する処分に関する**ア～オ**の記述のうち、妥当なもののみを全て挙げているのはどれか。　　　　　　国家専門職2020

ア　行政庁は、申請がその事務所に到達してから当該申請に対する処分をするまでに通常要すべき標準的な期間を定めなければならない。

イ　行政庁は、行政上特別の支障があるときを除き、法令により申請の提出先とされている機関の事務所における備付けその他の適当な方法により審査基準を公にしておかなければならない。

ウ　行政庁は、申請により求められた許認可等を拒否する処分をする場合は、原則として、申請者に対し、同時に、当該処分の理由を示さなければならない。

エ　行政庁は、申請書に必要な書類が添付されていないなど、法令に定められた形式上の要件に適合しない申請については、申請者に対し、当該申請の受理を拒否しなければならない。

オ　行政庁は、申請に対する処分であって、申請者以外の者の利害を考慮すべきことが当該法令において許認可等の要件とされているものを行う場合には、公聴会の開催その他の適当な方法により当該申請者以外の者の意見を聴く機会を設けなければならない。

1　ア、イ
2　ア、エ
3　イ、ウ
4　ウ、オ
5　エ、オ

正解 3

　法的義務か努力義務かの判別ができれば容易に正解できる、基本的な問題です。確実に正解できるようにしましょう。

ア ✕ 　標準処理期間の設定は努力義務

　「申請がその事務所に到達してから当該申請に対する処分をするまでに通常要すべき標準的な期間」を**標準処理期間**といいますが、標準処理期間の**設定は努力義務**です（行政手続法6条）。

イ 〇

　条文どおりで正しい記述です（行政手続法5条3項）。**審査基準の公表は、法的義務**です。

ウ 〇

　条文どおりで正しい記述です（行政手続法8条1項）。

> なお、当該処分を書面でするときには、理由の提示も書面で行う必要があります。

エ ✕ 　補正を求めるか、許認可等を拒否するかを選択

　補正を求めるか、申請により求められた**許認可等を拒否する**か、行政庁の側が選択できる規定になっています（行政手続法7条）。なお、受理を拒否することはできません。

オ ✕ 　公聴会の開催は努力義務

　公聴会の開催等は、努力義務として規定されています（行政手続法10条）。

不利益処分

第6章第2節

問題 40 行政手続法における不利益処分に関する**ア～オ**の記述のうち、妥当なもののみを挙げているのはどれか。 国家専門職2023

ア 不利益処分とは、行政庁が、法令に基づき、特定の者に対して直接に義務を課し、又はその権利を制限する処分であり、申請により求められた許認可等を拒否する処分も含まれる。

イ 行政庁には、審査基準と同様に、不利益処分の基準を定め、これを公にしておく法的義務がある。

ウ 行政庁は、許認可を取り消す不利益処分をしようとするときは聴聞を行わなければならないが、名宛人の資格を直接に剥奪する不利益処分をしようとするときは弁明の機会を付与しなければならない。

エ 弁明は、行政庁が口頭ですることを認めたときを除き、弁明を記載した書面を提出して行い、その際、証拠書類等を提出することができる。

オ 行政庁は、不利益処分を行う場合、原則として、その名宛人に対して処分と同時にその理由を示さなければならない。

1 ア、イ
2 ア、エ
3 イ、ウ
4 ウ、オ
5 エ、オ

ウが少し細かい知識を問うていましたが、十分正解できるレベルの出題です。

ア ✗ 💡　　　許認可等を拒否する処分は不利益処分から除外　

前半の「不利益処分」の定義は正しいです（行政手続法2条4号）。しかし、「申請により求められた許認可等を拒否する処分」は**「不利益処分」から除外されています**（同条号ロ）。

イ ✗ 処分基準の設定・公表は努力義務　

不利益処分の基準（処分基準）の設定および公表は、法的義務ではなく**努力義務**です（行政手続法12条1項）。

ウ ✗ 資格を直接剥奪する不利益処分も聴聞が必要　

許認可を取り消す不利益処分をしようとするときは、聴聞を行わなければなりません（行政手続法3条1項1号イ）。同様に、**名あて人の資格を直接に剥奪する不利益処分をしようとするときも、聴聞を行わなければなりません**（同条号ロ）。

エ ◯　

条文どおりで正しい記述です（行政手続法29条1項、2項）。

オ ◯　

条文どおりで正しい記述です（行政手続法14条1項）。

差し迫った必要がある場合には、例外的に同時に理由を示す必要がない場合もあります。その場合も処分後相当期間内に、理由を示す必要があります（行政手続法14条1項ただし書、2項）。

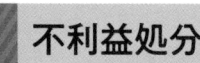

不利益処分

問題 41 　不利益処分の手続に関する**ア～オ**の記述のうち、妥当なもののみを全て挙げているのはどれか。 　　　　　　　　　　　　　　　国家専門職2019

ア 　不利益処分とは、行政庁が法令に基づき特定の者を名あて人として直接にこれに義務を課し又はその権利を制限する処分をいう。申請により求められた許認可等を拒否する処分も、申請者に不利益をもたらすものであるから、行政手続法上の不利益処分に当たる。

イ 　行政手続法は、不利益処分の手続として聴聞と弁明の機会の付与を定めており、行政庁は、不利益処分をしようとする場合には、いずれかの手続を執らなければならず、公益上緊急に不利益処分をする必要があるときを除いて、例外は認められていない。

ウ 　行政庁は、不利益処分の判断に必要な処分基準を定め、かつ、これを公にしておくよう努めなければならない。また、行政庁は、処分基準を定めるに当たっては、不利益処分の性質に照らして、できる限り具体的なものとしなければならない。

エ 　聴聞は、行政庁が指名する職員その他政令で定める者が主宰するが、手続の公正や処分内容の適正を担保するため、行政手続法は、聴聞に係る不利益処分を行う行政庁の職員は聴聞の主宰者となることができないと規定している。

オ 　行政庁は、不利益処分をする場合には、原則としてその名あて人に対して同時に処分の理由を示さなければならないが、処分基準が公にされており、その基準も明確であって、どのような処分基準の適用によって当該処分が選択されたのか明らかであるときは、その名あて人の求めがあったときに処分の理由を示せば足りる。

1 ア 　　　　　**2** ウ 　　　　　**3** ア、オ

4 イ、ウ 　　　　**5** エ、オ

正解 2

正確な条文知識を求める記述が多く、少し難易度が高い問題です。

ア ✗ 許認可等を拒否する処分は不利益処分から除外 ①

前半の「不利益処分」の定義は正しいです（行政手続法2条4号）。しかし、「申請により求められた許認可等を拒否する処分」は**「不利益処分」から除外されています**（同条号ロ）。

イ ✗ 意見陳述手続を不要とする複数の例外あり ①

行政庁は、不利益処分をしようとする場合には、原則として、聴聞か弁明の機会の付与の手続を執らなければなりません（行政手続法13条1項）。ただし、公益上緊急に不利益処分をする必要がある場合ほか、**複数の例外があります**（同条2項）。

ウ ○ ①

条文どおりで正しい記述です（行政手続法12条1項、2項）。

エ ✗ 処分を行う行政庁の職員も主宰可 ②

行政手続法では、「聴聞に係る不利益処分を行う行政庁の職員は聴聞の主宰者となることができない」というような**除外規定はなく、就任することも可能**となっています（行政手続法19条1項、2項参照）。

オ ✗ 本記述のような例外はなし ①

行政庁は、不利益処分をする場合には、原則としてその名あて人に対して**同時に処分の理由を示さなければなりません**（行政手続法14条1項）。例外もありますが、差し迫った必要がある場合に理由の提示を処分後でもよいとするものです（同条項ただし書、2項）。

不利益処分

問題 42 行政手続法に関する次の記述のうち、妥当なのはどれか。

国家一般職2018

1 行政庁は、許認可等を取り消す不利益処分をしようとする場合、当事者以外の者であって当該不利益処分の根拠となる法令に照らし当該不利益処分につき利害関係を有するものと認められる者がいるときは、公聴会の開催により、その者の意見を聴く機会を設けるよう努めなければならない。

2 行政庁は、不利益処分をする場合には、その名宛人に対し、同時に、当該不利益処分の理由を示さなければならない。ただし、当該理由を示さないで処分をすべき差し迫った必要がある場合は、この限りでない。

3 不利益処分の名宛人となるべき者には、聴聞の通知があった時から聴聞が終結する時までの間、行政庁に対する当該不利益処分の原因となる事実を証する資料の閲覧及び複写の請求が認められており、当該請求がされた場合、行政庁は、正当な理由があるときでなければ、当該請求を拒むことはできない。

4 弁明の機会の付与は、聴聞と比較してより略式の手続であり、弁明の機会の付与を行う場合、行政庁は、不利益処分の名宛人となるべき者に対して、当該不利益処分の原因となる事実まで通知する必要はない。また、弁明は、原則として書面で行われる。

5 申請により求められた許認可等を拒否する処分は、申請に対する処分に当たると同時に不利益処分にも当たるため、当該拒否処分には、申請に対する処分に関する規定が適用されるほか、不利益処分に関する規定が準用される。

　1 が紛らわしく **3** も細かい内容を問うており、難易度の高い問題です。

1　✗　公聴会開催の努力義務があるのは「申請に対する処分」　　第1節 **2**

　不利益処分を行うに際して公聴会の開催等について定めた規定は特にありません。一方、**申請に対する処分**においては、本記述と同様の内容が規定されています（行政手続法10条）。

2　○　　　　　　　　　　　　　　　　　　　　　　　　　　　　　**1**

　条文どおりで正しい記述です（行政手続法14条1項）。

3　✗　複写の請求までは認められず　　　　　　　　　　　　　**2**

　資料の閲覧請求権は認められていますが、**複写の請求権までは認められていません**（行政手続法18条1項前段参照）。この閲覧請求がされた場合、行政庁は、正当な理由があるときでなければ、閲覧請求を拒むことはできません（同条項後段）。

4　✗　不利益処分の原因となる事実も通知必要　　　　　　　　**2**

　弁明の機会の付与の通知には、❶予定される不利益処分の内容および**根拠となる法令の条項**、❷不利益処分の**原因となる事実**、❸弁明書の**提出先および提出期限**を記載します（行政手続法30条）。なお、弁明が原則として書面で行われるとする点は正しいです（同法29条1項）。

5　✗　許認可等を拒否する処分は不利益処分から除外　　　　　**1**

　「申請により求められた許認可等を拒否する処分」は「**不利益処分**」から**除外されています**（行政手続法2条4号ロ）。したがって、申請により求められた許認可等を拒否する処分は、申請に対する処分には当たりますが、不利益処分には当たらず、不利益処分に関する規定が準用されません。

問題 43　行政手続に関する次の記述のうち、妥当なのはどれか。

国家専門職2015

1　申請により求められた許認可等を行政庁が拒否する処分をする際に求められる理由付記の程度については、単に処分の根拠規定を示すだけでは、当該規定の適用の基礎となった事実関係をも当然知り得るような場合は別として、不十分であるとするのが判例である。

2　不利益処分とは、行政庁が法令に基づき、特定の者を名宛人として、直接にこれに義務を課し、又はその権利を制限する処分をいい、申請を拒否する処分は不利益処分に含まれる。

3　不利益処分をするに当たっては、行政庁は、必ず処分基準を定め、かつ、これを公にしなければならない。

4　申請に対して拒否処分をする場合において、行政手続法は、申請者に対し、聴聞や弁明の機会を与えなければならないとしている。

5　行政指導とは、行政機関がその任務又は所掌事務の範囲内において一定の行政目的を実現するため特定の者に一定の作為又は不作為を求める指導、勧告、助言その他の行為であって、処分に該当するものをいう。

正解 1

　1、4は第1節、5は第4章第2節で学習した内容です。正解である**1**は少し細かいですが、他の記述はいずれも基本知識を求めています。

1 ○

　申請に対して拒否処分をする際には理由を付記する必要がありますが（行政手続法8条1項）、この理由付記の程度としては、**単に処分の根拠規定（条文）を示すだけでは不十分**とされています（判例）。

>
> どのような事実関係に基づき拒否処分が出されたのかについて、申請者が記載からわかる程度の理由を示す必要があります。

2 ✕　申請を拒否する処分は不利益処分から除外

　前半の不利益処分の定義は正しいです（行政手続法2条4号柱書）。しかし、**申請を拒否する処分は不利益処分から除外**されています（同条号ロ）。

3 ✕　処分基準の設定・公表は努力義務

　「行政庁は、処分基準を定め、かつ、これを公にしておくよう努めなければならない」（行政手続法10条1項）と規定され、**処分基準の設定・公表は努力義務**です。

> 審査基準や行政指導指針との違いに十分注意しておきましょう。

4 ✕　申請に対する拒否処分には意見陳述手続なし

　申請に対する拒否処分は不利益処分から除外されています（**2**参照）。したがって、聴聞や弁明の機会の付与の対象になっていません。

5 ✕　処分に該当する行為は含まれず

　行政指導は、「行政機関がその任務又は所掌事務の範囲内において一定の行政目的を実現するため特定の者に一定の作為又は不作為を求める指導、勧告、助言その他の行為であって処分に該当しないものをいう」と定義され（行政手続法2条6号）、**処分に該当するものは除外**されます。

難易度 **A** 行政手続法　　　　　　　　　　　　　第6章第3節

問題44　行政手続法に関する**ア〜エ**の記述のうち、妥当なもののみを全て挙げているのはどれか。　　　　　　　　　　　　　　　国家一般職2021

ア　行政手続法は、行政手続に関する一般法であり、その目的として、行政運営における公正の確保と透明性の向上を図り、もって国民の権利利益の保護に資することに加えて、国民の行政の意思決定への参加を促進することについても規定している。

イ　行政手続法は、処分に関する手続について、申請に対する処分と不利益処分とに区分し、それぞれの手続について規定している。

ウ　行政手続法は、行政庁が不利益処分をしようとする場合における処分の名あて人の意見陳述のための手続として、聴聞と弁明の機会の付与の二つを規定しており、許認可等を取り消す不利益処分をしようとするときは、原則として聴聞を行わなければならないとしている。

エ　行政手続法は、処分、行政指導及び届出に関する手続に関し、共通する事項を規定しているが、法律に基づく命令等を定めようとする場合の意見公募手続については規定していない。

1　ア、イ
2　ア、ウ
3　ア、エ
4　イ、ウ
5　ウ、エ

イを〇、**エ**を✕と判定するのは容易であり、それによって正解が絞れてしまうので、簡単な問題といえるでしょう。

ア ✕　国民の行政参加の促進は規定していない　　　第1節 ①

　行政手続法は、**行政手続に関する一般法**です（行政手続法1条2項）。また、その目的として、**行政運営における公正の確保と透明性の向上**を図り、もって**国民の権利利益の保護に資する**と明記されています（同条1項）。しかし、国民の行政の意思決定への参加を促進することについての規定はありません。

イ 〇　　　第1節 ①

　行政手続法では、処分に関する手続について、**申請に対する処分、不利益処分に分けて**規定を置いています。

ウ 〇　　　第2節 ①

　条文どおりで正しい記述です（行政手続法13条1項1号、2号）。

エ ✕💡　　　**意見公募手続についても規定あり**　　　②

　行政手続法は、処分、行政指導および届出に関する手続に関し、共通する事項を規定している（行政手続法1条1項）だけでなく、**法律に基づく命令等を定めようとする場合の意見公募手続**についても規定しています（同法39条1項）。

処分性

問題 45 次の**ア〜オ**の行政上の行為のうち、判例に照らし、処分性が認められるもののみを全て挙げているのはどれか。 国家専門職2021

ア 警視総監又は道府県警察本部長が道路交通法に基づいてした反則金の納付の通告

イ 都が、ごみ焼却場の設置を計画し、その計画案を都議会に提案し、その議決を経て公布し、それに基づいて実施した一連の行為

ウ 都道府県知事が医療法に基づいてした病院開設中止の勧告

エ 都市計画法に基づく開発許可の申請手続において、開発行為に関係がある公共施設の管理者である地方公共団体又はその機関が同法所定の同意を拒否した行為

オ 市町村が土地区画整理法に基づいてした土地区画整理事業の事業計画の決定

1 ア、イ
2 ア、ウ
3 イ、エ
4 ウ、オ
5 エ、オ

　エは細かい判例なので判断できなくても問題ありませんが、他の記述は確実に判断できるようにしておきたい重要な判例です。処分性の有無を判定するだけの単純な問題であり、平易な問題といえます。

ア ✕　反則金の納付通告には処分性なし　③

　判例は、**反則金の納付の通告**について、通告を受けた者がその**自由意思により納付するもの**であって、反則行為の不成立を争いたいのであれば、納付せずに刑事手続の中で争えばよいので、**処分性は認められない**としています（交通反則金納付通告事件）。

イ ✕　ごみ焼却場の設置行為には処分性なし　③

　判例は、**ごみ焼却場の設置に関わる一連の行為**について、**処分性は認められない**としています（東京都ごみ焼却場設置事件）。

ウ ○　③

　判例は、この勧告を無視すると、**保険医療機関の指定を受けられなくなるという効果**が生じ、事実上病院開設を断念せざるを得なくなることから、**処分性を認めています**（病院開設中止勧告事件）。

エ ✕　Skip ▶️　開発許可に係る公共施設管理者の同意拒否には処分性なし

　判例は、開発行為に関係がある公共施設の管理者が同意を拒否した行為について、処分性は認められないとしています。

オ ○　③

　判例は、**土地区画整理事業の事業計画の決定**について、**処分性を認めています**（浜松市土地区画整理事業計画事件）。

難易度 B 処分性

第1章第2節

問題 46 処分性に関する**ア〜オ**の記述のうち、判例に照らし、妥当なものの
のみを全て挙げているのはどれか。

国家一般職2023

ア 行政庁の処分とは、公権力の主体たる国又は公共団体が行う行為のうち、
その行為によって、直接国民の権利義務を形成し又はその範囲を確定するこ
とが法律上認められているものをいうが、東京都が私人から買収した土地の
上にごみ焼却場を設置することを計画し、その計画案を都議会に提出した行
為は、都の内部的手続行為にとどまり、設置行為そのものは私法上の契約に
よるため、いずれも行政庁の処分には当たらない。

イ 医療法に基づいて都道府県知事が行う病院開設中止の勧告は、当該勧告を
受けた者が任意にこれに従うことを期待してされる行政指導であり、当該勧
告に従わないことを理由に病院開設の不許可等の不利益処分がされることは
ないため、行政庁の処分には当たらない。

ウ 告示により一定の条件に合致する道を一括して指定する方法でされた建築
基準法所定のいわゆるみなし道路の指定は、特定の土地について個別具体的
にみなし道路の指定をするものではなく、これによって直ちに建築制限等の
私権制限が生じるものではないから、行政庁の処分には当たらない。

エ 市が設置する特定の保育所を廃止する条例が、当該保育所の廃止のみを内
容とするものであって、他に行政庁の処分を待つことなく、その施行により
当該保育所廃止の効果を発生させ、当該保育所に現に入所中の児童及びその
保護者という限られた特定の者らに対して、直接、当該保育所において保育
を受けることを期待し得る法的地位を奪う結果を生じさせるものである場合、
その制定行為は、行政庁の処分と実質的に同視し得る。

オ 労働基準監督署長が労働者災害補償保険法に基づいて行う労災就学援護費
の支給又は不支給の決定は、同法を根拠とする優越的地位に基づいて一方的
に行う公権力の行使であり、被災労働者又はその遺族の労災就学援護費の支
給請求権に直接影響を及ぼす法的効果を有するものであるから、行政庁の処
分に当たる。

1　ア、ウ　　　　　2　ア、オ　　　　　3　イ、エ

4　ア、エ、オ　　　　5　イ、ウ、エ

正　解　4

　いずれの記述も、処分性に関してきちんと押さえておくべき判例です。

ア　○

　判例において、「処分」の定義を本記述のように述べていますので、前半は正しいです。また、同判例において、**ごみ焼却場の設置計画および計画案を都議会に提出した行為は都の内部的手続に過ぎないこと**、**設置行為（建設企業との請負契約）は私法上の契約に過ぎない**ことを理由として、いずれも行政庁の**処分には当たらない**、としています（東京都ごみ焼却場設置事件）。

イ　✕　病院開設中止の勧告には処分性あり

　判例は、この勧告を無視すると、**保険医療機関の指定を受けられなくなるという効果**が生じ、事実上病院開設を断念せざるを得なくなることから、**処分に当たる**としています（病院開設中止勧告事件）。

ウ　✕　告示による2項道路の一括指定には処分性あり

　判例は、**告示により一定の条件に合致する道を一括して指定する方法**でされた建築基準法所定のいわゆる**2項道路（みなし道路）の指定**は、これにより道路の中心線から2メートルの範囲で建築制限が生じる等の効果があることから、**処分に当たる**としています（御所町2項道路指定事件）。

エ　○

　判例は、本記述と同様に述べて、市の設置する**特定の保育所を廃止する条例の制定行為**は、**処分に当たる**としています（横浜市保育所廃止条例事件）。

オ　○

　判例は、本記述と同様に述べて、**労災就学援護費の不支給決定は、処分に当たる**としています（労災就学援護費不支給事件）。

処分性

問題 47 抗告訴訟の対象に関する次の記述のうち、判例に照らし、妥当なのはどれか。

国家専門職2017

1 土地区画整理法に基づく土地区画整理組合の設立の認可は、単に設立認可申請に係る組合の事業計画を確定させるだけのものではなく、その組合の事業施行地区内の宅地について所有権又は借地権を有する者を全て強制的にその組合員とする公法上の法人たる土地区画整理組合を成立せしめ、これに土地区画整理事業を施行する権限を付与する効力を有するものであるから、抗告訴訟の対象となる行政処分に当たる。

2 市町村の施行に係る土地区画整理事業の事業計画の決定は、特定個人に向けられた具体的な処分ではなく、いわば当該土地区画整理事業の青写真たる性質を有するにすぎない一般的・抽象的な単なる計画にとどまるものであり、直接国民の権利義務を形成し又はその範囲を確定する行為とはいえないため、抗告訴訟の対象となる行政処分に当たらない。

3 普通地方公共団体が営む水道事業に係る条例所定の水道料金を改定する条例の制定行為は、当該条例が当該水道料金を一般的に改定するものであって、限られた特定の者に対してのみ適用されるものでなくとも、水道需要者は、当該条例の施行によって、個別的行政処分を経ることなく、当該条例に従って改定された水道料金の支払義務を負うことになるから、抗告訴訟の対象となる行政処分に当たる。

4 国有財産法上の国有財産の払下げは、売渡申請書の提出、これに対する払下許可という行政手続を経て行われる場合、行政庁が優越的地位に基づいて行う公権力の行使ということができることから、この場合の当該払下げは抗告訴訟の対象となる行政処分に当たる。

5 公の施設を廃止することを内容とする条例の制定行為は、普通地方公共団体の議会が行う立法作用に属するものであるから、市の設置する特定の保育所の廃止のみを内容とする条例の制定行為が抗告訴訟の対象となる行政処分に当たることはない。

　1を○と判断できなくても、消去法で答えを出せる問題です。誤った記述は結論部分だけで✗と判定できます。

1　○　**土地区画整理組合の設立認可には処分性あり**　③

　判例は、土地区画整理法による**土地区画整理組合の設立の認可**について、本記述と同趣旨のことを述べ、**処分性を認める**判断をしています（土地区画整理組合設立認可事件）。

2　✗　**土地区画整理事業の事業計画決定には処分性あり**　③

　判例は、市町村の施行に係る**土地区画整理事業の事業計画の決定**について、**処分性を認めています**（浜松市土地区画整理事業計画事件）。

3　✗　**水道料金を改定する条例制定には処分性なし**　③

　判例は、**水道料金を改定する条例の制定行為**については、抗告訴訟の対象となる**行政処分に当たらない**としています（高根町別荘地事件）。

4　✗　**国有財産の払下げには処分性なし**　③

　判例は、**国有財産の払下げ**について、私法上の売買と解すべきであるとして、**処分性を認めていません**（国有財産払下げ事件）。

5　✗　**特定の保育所廃止のみを内容とする条例制定には処分性あり**　③

　判例上、市の設置する**特定の保育所を廃止する条例の制定行為**について、抗告訴訟の対象となる**行政処分に当たる**とした事例があります（横浜市保育所廃止条例事件）。したがって、「抗告訴訟の対象となる行政処分に当たることはない」とはいえません。

処分性

問題 48　行政事件訴訟法上の抗告訴訟における処分性に関する**ア〜エ**の記述のうち、判例に照らし、妥当なもののみを全て挙げているのはどれか。

国家一般職2020

ア　住民票に特定の住民の氏名等を記載する行為は、その者が市町村の選挙人名簿に登録されるか否かを決定付けるものであって、その者は選挙人名簿に登録されない限り原則として投票をすることができないのであるから、これに法的効果が与えられているということができる。しかし、住民票に特定の住民と世帯主との続柄がどのように記載されるかは、その者が選挙人名簿に登録されるか否かには何らの影響も及ぼさないことが明らかであり、住民票に当該続柄を記載する行為が何らかの法的効果を有すると解すべき根拠はないから、住民票に世帯主との続柄を記載する行為は、抗告訴訟の対象となる行政処分に当たらない。

イ　食品等を輸入しようとする者が検疫所長から食品衛生法に違反する旨の通知を受けた場合、検疫所長から食品等輸入届出済証の交付を受けることができなくなるが、当該通知は、法令に根拠を置くものではなく、当該者の採るべき措置を事実上指導するものにすぎない上、当該者は、科学的な検査結果等をもって同法違反がないことを証明し、輸入に関する検査又は条件の具備についての税関長の確認を得ることができるのであるから、当該通知は、抗告訴訟の対象となる行政処分に当たらない。

ウ　土地区画整理事業の事業計画の決定は、当該土地区画整理事業の基礎的事項を一般的、抽象的に決定するものであって、これによって利害関係者の権利にどのような変動を及ぼすかが必ずしも具体的に確定されているわけではなく、また、事業計画が公告されることによって生ずる建築制限等は土地区画整理法が特に付与した公告に伴う付随的効果にとどまるものであるから、抗告訴訟の対象となる行政処分に当たらない。

エ　全国新幹線鉄道整備法に基づく運輸大臣（当時）の工事実施計画の認可は、いわば上級行政機関としての運輸大臣が下級行政機関としての日本鉄道建設公団（当時）に対しその作成した工事実施計画の整備計画との整合性等を審

査してなす監督手段としての承認の性質を有するもので、行政機関相互の行為と同視すべきものであり、行政行為として外部に対する効力を有するものではなく、また、これによって直接国民の権利義務を形成し、又はその範囲を確定する効果を伴うものではないから、抗告訴訟の対象となる行政処分に当たらない。

1 ア、イ　　2 ア、エ　　3 イ、ウ　　4 イ、エ　　5 ウ、エ

正解 2

　アが難しいですが、**イ**、**ウ**を×と判定できれば消去法で正解を導けます。

ア ○ Skip ▶|

　判例は、市町村長が住民票に世帯主との続柄を記載する行為は、抗告訴訟の対象となる行政処分に当たらないとしています。

イ ×　食品衛生法に違反する旨の通知には処分性あり ③

　判例は、食品衛生法に違反する旨の通知は、**輸入の許可が受けられなくなるという法的効力**を生じることから、抗告訴訟の対象となる**行政処分に該当する**としています（冷凍スモークマグロ事件）。

ウ ×　土地区画整理事業の事業計画決定には処分性あり ③

　判例は、土地区画整理事業計画の決定は、施行地区内の所有者に換地処分を受けるべき地位に立たせる等の**個別具体的な法的効果を生じさせる**ことから、抗告訴訟の対象となる**行政処分に当たる**としています（浜松市土地区画整理事業計画事件）。

エ ○ ③

　判例は、運輸大臣の工事実施計画の認可は、**行政機関相互の内部行為と同視**されることから、抗告訴訟の対象となる**行政処分に当たらない**としています（成田新幹線訴訟）。

問題 49　　原告適格に関する**ア〜エ**の記述のうち、判例に照らし、妥当なもののみを全て挙げているのはどれか。

国家専門職2022

ア　森林法は、森林の存続によって不特定多数者の受ける生活利益のうち一定範囲のものを公益と並んで保護すべき個人の個別的利益として捉え、当該利益の帰属者に対し保安林の指定につき直接の利害関係を有する者としてその利益主張をすることができる地位を法律上付与しているものと解されるところ、かかる直接の利害関係を有する者は、保安林の指定が違法に解除され、それによって自己の利益を害される場合には、当該解除処分に対する取消しの訴えを提起する原告適格を有する。

イ　文化財保護法及び同法に基づく県文化財保護条例は、史跡等の文化財の保存・活用から個々の国民あるいは県民が受ける利益については、これを本来同法及び同条例がその目的としている公益の中に吸収解消させ、その保護は専ら当該公益の実現を通じて図ることとしているものと解され、文化財の学術研究者の学問研究上の利益について、一般の国民あるいは県民が文化財の保存・活用から受ける利益を超えてその保護を図ろうとする趣旨を認めることはできないから、県指定の史跡を研究対象としている学術研究者であっても、同条例に基づく当該史跡の指定解除処分の取消しを求める原告適格を有しない。

ウ　自転車競技法及び同法施行規則が場外車券発売施設の設置許可要件として定める位置基準によって保護しようとしているのは、不特定多数者の利益であるところ、それは、性質上、一般的公益に属する利益であって、原告適格を基礎付けるには足りないものであるといわざるを得ないから、当該施設の設置、運営に伴い著しい業務上の支障が生ずるおそれがあると位置的に認められる区域に医療施設を開設する者であっても、当該位置基準を根拠として当該施設の設置許可の取消しを求める原告適格を有しない。

エ　処分を定めた行政法規が、不特定多数者の具体的利益をそれが帰属する個々人の具体的利益としても保護すべきものとする趣旨を含むか否かは、当該行政法規の趣旨・目的、当該行政法規が当該処分を通して保護しようとし

ている利益の内容・性質等を考慮して判断すべきであるところ、核原料物質、核燃料物質及び原子炉の規制に関する法律は、専ら公衆の生命、身体の安全、環境上の利益を一般的公益として保護しようとするものと解されるから、設置許可申請に係る原子炉の近隣地域に居住する住民は、当該原子炉の設置許可処分の無効確認を求める原告適格を有しない。

1 ア、イ　　2 ア、ウ　　3 イ、ウ　　4 イ、エ　　5 ウ、エ

【正解】1

ウ、エを✖と判定できると消去法で解くことができます。

ア 〇

② 判例は、本記述と同様、保安林の指定が違法に解除され、それによって自己の利益を害される者は、取消訴訟を提起する**原告適格を有する**としています（長沼ナイキ基地訴訟）。

イ 〇

② 判例は、県指定の史跡を研究対象としている学術研究者について、条例に基づく当該史跡の指定解除処分の取消しを求める**原告適格を有しない**としています（伊場遺跡訴訟）。

ウ ✖　場外車券売場周辺の医療施設開設者には原告適格あり

② 判例は、場外車券発売施設の設置、運営に伴い**著しい業務上の支障が生ずるおそれがある位置に医療施設を開設する者**については、当該施設の設置許可の取消しを求める**原告適格を有する**としています（サテライト大阪事件）。

エ ✖💡　原子炉設置地の周辺住民には原告適格あり

② 判例は、原子炉事故等がもたらす災害により**生命・身体等に直接的かつ重大な被害を受けることが想定される範囲**の付近住民は、原子炉設置許可処分の無効確認を求める**原告適格を有する**としています（もんじゅ訴訟）。

問題 50　　抗告訴訟の原告適格に関する**ア～オ**の記述のうち、判例に照らし、妥当なもののみを全て挙げているのはどれか。

国家専門職2016

ア　自転車競技法に基づく設置許可がされた場外車券発売施設から一定の距離以内の地域に居住する者は、当該施設の設置及び運営に起因して生じる善良な風俗及び生活環境に対する著しい被害を受けないという具体的利益を有しており、当該許可の取消しを求める原告適格を有する。

イ　設置許可申請に係る原子炉の周辺に居住し、原子炉事故等がもたらす災害により生命、身体等に直接的かつ重大な被害を受けることが想定される範囲の住民は、原子炉設置許可処分の無効確認を求めるにつき、行政事件訴訟法第36条にいう「法律上の利益を有する者」に該当し、当該無効確認の訴えの原告適格を有する。

ウ　文化財保護法に基づき制定された県文化財保護条例による史跡指定解除処分の取消訴訟においては、当該史跡を研究対象としてきた学術研究者であっても、同法及び同条例において、文化財の学術研究者の学問研究上の利益の保護について特段の配慮をしていると解し得る規定を見いだすことはできないから、当該処分の取消しを求めるにつき法律上の利益を有せず、当該訴訟における原告適格を有しない。

エ　地方鉄道業者に対する特別急行料金の改定の認可処分の取消訴訟において、当該業者の路線の周辺に居住し、通勤定期券を購入するなどして、その特別急行列車を利用している者は、当該処分によって自己の権利利益を侵害され又は必然的に侵害されるおそれのある者に当たるということができ、当該認可処分の取消しを求める原告適格を有する。

オ　風俗営業等の規制及び業務の適正化等に関する法律に基づく風俗営業許可処分の取消訴訟において、風俗営業制限地域は、当該地域における良好な風俗環境の保全を目的として指定されるものであり、同法は当該地域に居住する者の個別的利益をも保護することを目的としていることから、当該地域に居住する者は、当該風俗営業許可処分の取消しを求める原告適格を有する。

1 ア、ウ　　　　2 イ、ウ　　　　3 イ、オ

4 ア、イ、エ　　　5 ウ、エ、オ

正　解　2

　ア、エ、オは結論の部分だけで✖と判断でき、消去法で正解できる問題です。

ア ✖ 💡　場外車券売場の周辺住民には原告適格なし　②

　判例は、**場外車券発売施設の周辺に居住する住民**には、当該施設の設置許可の取消しを求める**原告適格を認めていません**（サテライト大阪事件）。

イ ○　②

　判例は、本記述同様、原子炉事故等がもたらす災害により**生命・身体等に直接的かつ重大な被害を受けることが想定される範囲の付近住民**は、原子炉設置許可処分の無効確認を求める**原告適格を有する**としています（もんじゅ訴訟）。

ウ ○　②

　判例は、県指定の史跡を研究対象としている**学術研究者**について、条例に基づく当該史跡の指定解除処分の取消しを求める**原告適格を有しない**としています（伊場遺跡訴訟）。

エ ✖　特別急行列車の利用者には原告適格なし　②

　判例は、鉄道業者に対する特別急行料金の改定の認可処分の取消訴訟において、その**特別急行列車の利用者**であっても、認可処分の取消しを求める**原告適格を有しない**としています（近鉄特急訴訟）。

オ ✖　風俗営業施設の周辺住民には原告適格なし　②

　判例は、風俗営業制限地域での風俗営業許可処分について、**当該地域に居住する者は原告適格を有しない**としています（国分寺市パチンコ店営業許可事件）。

問題 51　原告適格に関する**ア〜エ**の記述のうち、判例に照らし、妥当なもののみを全て挙げているのはどれか。

国家専門職2018

ア　公衆浴場法が公衆浴場の経営に関して許可制を採用し距離制限規定を設けたのは、主として「国民保健及び環境衛生」という公共の福祉の見地から出たものであって、適正な許可制度の運用によって保護されるべき業者の営業上の利益は、単なる事実上の反射的利益にすぎないから、既存の公衆浴場営業者は、第三者に対する公衆浴場営業許可処分の無効確認訴訟における原告適格を有しない。

イ　原子炉設置許可処分の無効確認訴訟において、設置許可申請に係る原子炉の周辺に居住する住民につき、その居住する地域が原子炉事故等による災害により直接的かつ重大な被害を受けるものと想定される地域であるか否かについては、当該原子炉の種類、構造、規模等の当該原子炉に関する具体的な諸条件を考慮に入れた上で、当該住民の居住する地域と原子炉の位置との距離関係を中心として、社会通念に照らし、合理的に判断すべきである。

ウ　新たに付与された定期航空運送事業免許に係る路線の使用飛行場の周辺に居住し、当該免許に係る事業が行われる結果、当該飛行場を使用する各種航空機の騒音の程度、当該飛行場の一日の離着陸回数、離着陸の時間帯等からして、当該免許に係る路線を航行する航空機の騒音によって社会通念上著しい障害を受けることとなる者は、当該免許の取消しを求めるにつき法律上の利益を有する者として、その取消訴訟における原告適格を有する。

エ　文化財の価値は学術研究者の調査研究によって明らかにされるものであり、その保存・活用のためには学術研究者の協力を得ることが不可欠であることから、文化財保護法及び県文化財保護条例は、文化財の学術研究者の学問研究上の利益の保護について特段の配慮をしており、学術研究者は、同法及び同条例に基づく史跡指定解除処分の取消訴訟における原告適格を有する。

1 ア　　　　　**2** イ　　　　　**3** ウ

4 ア、エ　　　**5** イ、ウ

イの判例自体は有名ですが、使われている判旨部分は結論部分ではないので少し難しい問題になっています。これがわからないと正解できないので、**3**か**5**で迷うかもしれません。

ア ✕　既存の公衆浴場営業者には原告適格あり

判例は、**既存の公衆浴場営業者**は、第三者に対する公衆浴場営業許可処分の無効確認訴訟における**原告適格を有する**としています（京都府公衆浴場事件）。

イ 〇

判例は、本記述のように述べたうえでその判断に基づき、**一定の範囲に居住する付近住民**は原子炉設置許可処分の無効確認を求める**原告適格を有する**、と判断しています（もんじゅ訴訟）。

> **ひとこと**　原子炉の位置との距離関係を中心として合理的に判断した結果、原子炉から29kmおよび58kmの範囲は重大な被害が想定される地域と認定しています。

ウ 〇

判例は、航空法の関連法規である航空機騒音防止法も参酌した結果、定期航空運送事業免許に係る路線を航行する**航空機の騒音によって社会通念上著しい障害を受けることとなる者**は、免許の取消しを求める**原告適格を有する**、としています（新潟空港訴訟）。

エ ✕　学術研究者には原告適格なし

判例は、県指定の史跡を研究対象としている**学術研究者**について、条例に基づく当該史跡の指定解除処分の取消訴訟における**原告適格を有しない**としています（伊場遺跡訴訟）。

難易度 A　訴えの利益

問題 52　訴えの利益に関する**ア〜オ**の記述のうち、判例に照らし、妥当なもののみを全て挙げているのはどれか。

国家専門職2021

ア　森林法に基づく保安林指定解除処分の取消訴訟において、いわゆる代替施設の設置によって洪水、渇水の危険が解消され、その防止上からは保安林の存続の必要性がなくなったと認められるに至ったときは、当該防止上の利益侵害を基礎として当該訴訟の原告適格を認められた者の訴えの利益は失われる。

イ　土地改良法に基づく土地改良事業の施行認可処分が行われ、当該処分の取消しを求める訴訟の係属中に当該事業の事業計画に係る工事及び換地処分が全て完了し、当該事業施行地域を当該事業施行以前の原状に回復することが社会通念上不可能となった場合、当該処分の取消しを求める訴えの利益は消滅する。

ウ　設置許可申請に係る原子炉の周辺に居住する住民が当該原子炉の設置者に対しその建設又は運転の差止めを求める民事訴訟を提起している場合には、当該住民が当該原子炉の設置許可処分の無効確認訴訟を提起することは、不適法である。

エ　自動車運転免許の効力を停止する処分は、当該処分の日から一定の期間が経過し、当該処分を理由に道路交通法上不利益を受けるおそれがなくなった後においても、当該処分の記載のある免許証を被処分者が所持することで警察官に当該処分の存在を知られ、被処分者の名誉等を損なう可能性が常時継続して存在し、かつ、その排除は法の保護に値するものであるから、これを理由として、被処分者には当該処分の取消しを求める訴えの利益が認められる。

オ　建築基準法に基づく建築確認は、それを受けなければ建物の建築に関する工事をすることができないという法的効果を付与されているにすぎないものであり、当該工事が完了した場合には、建築確認の取消しを求める訴えの利益は消滅する。

1 ア、イ　**2** ア、オ　**3** イ、エ　**4** ウ、エ　**5** エ、オ

正解 **2**

　イ、**エ**を✗と判定することで正解に至れます。消去法で確実に正解できるようにしておきましょう。

ア ○

　判例と同趣旨で正しい記述です（長沼ナイキ基地訴訟）。

イ ✗　工事完了後も土地改良事業認可取消しの訴えの利益あり

　判例は、**土地改良事業**の工事等の完了により事業施行以前の原状に回復することが社会通念上不可能となった場合でも、**事業の認可処分の取消しを求める訴えの利益は消滅しない**、としています（八鹿町土地改良事業事件）。

>
> 原状に戻すことが不可能になったという事情は、事情判決を出すか否かで考慮すればよいとしています。

ウ ✗　Skip▶　紛争解決のため直截的で適切なら不適法ではない

　補充性の要件との関係で、民事訴訟で問題が解決できるなら、無効確認訴訟は提起できないのではないかが争われた事件において、判例は、紛争を解決するための争訟形態としてより直截的で適切なものであるなら、無効確認訴訟を提起することは不適法であるとはいえないとしています（もんじゅ訴訟）。

エ ✗ 💡　免許停止の記載は回復すべき法律上の利益に当たらず

　判例は、「当該処分の記載のある免許証を被処分者が所持することで警察官に当該処分の存在を知られ、被処分者の名誉等を損なう可能性が常時継続して存在」していることは、**事実上の効果に過ぎず、法律上回復すべき利益ではない**ので、期間の経過により法律上の効果が消滅すれば、取消しを求める**訴えの利益が消滅する**、としています（運転免許停止処分事件）。

オ ○

　判例と同趣旨で正しい記述です（仙台市建築確認事件）。

第2編　第1章　行政事件訴訟

問題 53　行政事件訴訟法に規定する取消訴訟における原告適格に関する **A** ～ **D** の記述のうち、最高裁判所の判例に照らして、妥当なものを選んだ組合せはどれか。

特別区Ⅰ類2019

A　免職された公務員が、免職処分の取消訴訟係属中に公職の選挙の候補者として届出をしたため、法律上その職を辞したものとみなされるに至った場合、当該免職処分が取り消されたとしても公務員たる地位を回復することはできないが、違法な免職処分がなければ公務員として有するはずであった給料請求権その他の権利、利益が害されたままになっているという不利益状態の存在する余地がある以上、なお当該免職処分の取消しを求める訴えの利益を有するとした。

B　自動車運転免許の効力停止処分を受けた者は、免許の効力停止期間を経過し、かつ、当該処分の日から無違反・無処分で1年を経過したときであっても、当該処分の記載のある免許証を所持することにより警察官に処分の存した事実を覚知され、名誉、感情、信用を損なう可能性が常時継続して存在するのであるから、当該処分の取消しによって回復すべき法律上の利益を有するとした。

C　建築確認は、建築基準法の建築物の建築等の工事が着手される前に、当該建築物の計画が建築関係規定に適合していることを公権的に判断する行為であって、それを受けなければ当該工事をすることができないという法的効果が付与されているにすぎないものというべきであるから、当該工事が完了した場合においては、建築確認の取消しを求める訴えの利益は失われるとした。

D　町営の土地改良事業の工事がすべて完了し、当該事業施行認可処分に係る事業施行地域を原状に回復することが物理的に全く不可能とまでいうことはできないとしても、その社会的、経済的損失を考えると、社会通念上、法的に不可能である場合には、もはや違法状態を除去することはできないから、当該認可処分の取消しを求める法律上の利益は消滅するとした。

1　A B　　2　A C　　3　A D　　4　B C　　5　B D

　いずれも重要度の高い判例からの出題であり、すべての記述を正誤判定できるようにしておきましょう。記述が４つしかないので、正解を出すのは容易な問題といえます。

A ○
　判例と同趣旨で正しい記述です（名古屋郵便局員懲戒免職事件）。

B ✕　免許停止の記載は回復すべき法律上の利益に当たらず
　判例は、「免許の効力停止期間を経過し、かつ、当該処分の日から無違反・無処分で１年を経過したとき」は取消しを求める訴えの利益が消滅する、としています。そして、免停処分の記載のある免許証を所持することにより**名誉、感情、信用を損なう可能性が常時継続して存在することを回復すべき法律上の利益としては認めていません**（運転免許停止処分事件）。

C ○
　判例と同趣旨で正しい記述です（仙台市建築確認事件）。

D ✕　工事完了後も土地改良事業取消しの訴えの利益あり
　判例は、**土地改良事業**の工事等の完了により事業施行以前の原状に回復することが社会通念上不可能となった場合でも、**事業の認可処分の取消しを求める訴えの利益は消滅しない**、としています（八鹿町土地改良事業事件）。

問題 54 訴えの利益に関する**ア〜オ**の記述のうち、判例に照らし、妥当なもののみを全て挙げているのはどれか。

国家一般職2017

ア 自動車運転免許の効力停止処分を受けた者は、免許の効力停止期間を経過し、かつ、当該処分の日から無違反・無処分で１年を経過し、当該処分を理由に道路交通法上不利益を被るおそれがなくなったとしても、当該処分の記載のある免許証を所持することにより、名誉、信用等を損なう可能性があることから、当該処分の取消しによって回復すべき法律上の利益を有する。

イ 町営の土地改良事業の施行認可処分の取消訴訟において、当該認可処分が取り消された場合に、当該事業施行地域を当該事業施行以前の原状に回復することが、当該訴訟係属中に当該事業計画に係る工事及び換地処分が全て完了したため、社会的、経済的損失の観点からみて、社会通念上不可能であるとしても、当該認可処分の取消しを求める訴えの利益は消滅しない。

ウ 建築基準法による建築確認の取消訴訟において、建築確認を受けた建築物の建築が完了した場合であっても、建築確認が違法を理由に取り消されれば、特定行政庁は違反是正命令を発すべき法的義務を負うことになるから、当該建築確認の取消しを求める訴えの利益は消滅しない。

エ 免職処分を受けた公務員は、当該処分の取消訴訟係属中に公職の候補者として届出をしたため、当該処分がなくとも法律上その職を辞したものとみなされる場合であっても、給料請求権など回復すべき権利、利益があるときは、当該処分の取消しを求める訴えの利益がある。

オ 保安林の指定解除処分によって当該保安林の存在による洪水や渇水の防止上の利益が侵害される場合に、代替施設の設置によっても、あらゆる科学的検証の結果に照らして洪水等の危険がないと確実に断定することができず、洪水等の危険性が社会通念上なくなったと認められるにすぎないときは、当該処分の取消しを求める訴えの利益は消滅しない。

1 ア、イ　　**2** ア、ウ　　**3** イ、エ　　**4** ウ、オ　　**5** エ、オ

オが少し細かい内容まで問うているので少し迷いますが、**ア**、**ウ**は**✕**と判定することは容易なので、**イ**を**〇**と判断できれば、**オ**を保留にしても、正解することはできます。少し難易度の高い問題です。

ア ✕ 免許停止の記載は回復すべき法律上の利益に当たらず ④

判例は、免許停止処分の記載のある免許証を所持することにより、**名誉、信用等を損なう可能性があること**は、当該処分の取消しによって**回復すべき法律上の利益とはいえない**、としています（運転免許停止処分事件）。

イ 〇 ④

判例と同趣旨で正しい記述です（八鹿町土地改良事業事件）。

ウ ✕ 💡 工事完了後は建築確認の取消しを求める訴えの利益なし ④

判例は、建築確認は工事の着工ができるという法的効果を付与するものに過ぎないので、**建築物の建築が完了**した場合には、建築確認の取消しを求める**訴えの利益は消滅する**としています（仙台市建築確認事件）。

> 🐧 ひとこと　なお、建築確認が違法を理由に取り消されるか否かと行政庁が違法建築物であることを理由に違反是正命令を完成後に発すべき法的義務を負うかは直接関係はありません。

エ 〇 ④

判例と同趣旨で正しい記述です（名古屋郵便局員懲戒免職事件）。

オ ✕ 代替施設完成後は指定解除の取消しを求める訴えの利益なし ④

判例は、**保安林指定解除処分**の取消訴訟において、保安林の**代替となる施設の設置**により洪水等の危険性が社会通念上なくなったと認められることで、周辺住民の**訴えの利益は失われる**と判断しています（長沼ナイキ基地訴訟）。

> 🐧 ひとこと　代替施設の設置により洪水等の危険がないと確実に断定することができることまでは要求していません。

その他の訴訟要件

第1章第4節

問題 55 　行政事件訴訟法上の出訴期間に関する次の記述のうち、妥当なのはどれか。

国家一般職2019

1 　出訴期間の制度は、行政法関係の早期安定の要請に基づくものであり、その期間をどのように定めるかは立法者の幅広い裁量に委ねられているので、具体的な出訴期間の長さが憲法上問題となることはないとするのが判例である。

2 　取消訴訟は、処分又は裁決があったことを知った日から6ヶ月を経過したときは提起することができず、処分又は裁決の日から1年を経過したときも同様である。ただし、いずれの場合においても、正当な理由があるときは、出訴期間経過後の訴えの提起が認められる。

3 　出訴期間を徒過し、取消訴訟を提起することができなくなった場合、これにより法律関係が実体的に確定するので、その後に処分庁である行政庁が職権により処分又は裁決を取り消すことはできない。

4 　行政事件訴訟法の出訴期間の規定における「正当な理由」には、災害、病気、怪我等の事情のほか、海外旅行中や多忙であったといった事情も含まれると一般に解されている。

5 　行政処分の告知が個別の通知ではなく告示によることが法律上定められている場合であっても、出訴期間は、告示が適法になされた日ではなく、当事者が処分があったことを現実に知った日から計算される。

正解 **2**

　1、**5**の2つは細かい知識を求める記述であるものの、正解である**2**は基本的な条文知識で**○**と断定できるため、正解をするのは容易な問題です。

1　✕ Skip ▶️　憲法上問題となることもあり得る

　出訴期間が著しく不合理である場合、憲法32条の裁判を受ける権利に違反する可能性を示唆する判例がありますので、憲法上問題となることがないとはいえません。

2　○

　条文どおりで正しい記述です（行政事件訴訟法14条）。

3　✕　職権による取消しは可能

　出訴期間を徒過して取消訴訟を提起することができなくなった場合、**不可争力が生じ、国民の側からはもはや争うことができなくなります**。しかし、これにより法律関係が実体的（内容的）に確定するわけではありません。したがって、その後に処分庁である行政庁が**職権により処分または裁決を取り消すことはできます**。

4　✕　海外旅行中や多忙であったといった事情は含まれず

　「正当な理由」は、個々の事案に具体的な事情を検討して判断されますが、一般的には、災害、病気、怪我等の事情は含まれ、**海外旅行中や多忙であったといった事情は含まれない**と解されています。

5　✕ Skip ▶️　告示による場合は告示日が「知った日」

　「知った日」は当事者が処分があったことを現実に知った日から計算されます。しかし、社会通念上知ることができる状態に置かれたときは、知ったものと推定できるとされていますので、告示によることが法律上定められている場合には、告示が適法にされた日が「知った日」として扱われます。

問題 56　取消訴訟の訴訟要件に関する**ア〜オ**の記述のうち、妥当なもののみを全て挙げているのはどれか。ただし、争いのあるものは判例の見解による。

国家一般職2022

ア　行政事件訴訟法で定められた訴訟要件を満たしていない訴えについては、請求が棄却されることとなる。

イ　取消訴訟は、正当な理由があるときを除き、処分又は裁決があったことを知った日から6か月を経過したときは、提起することができない。処分又は裁決の日から1年を経過したときも同様である。

ウ　取消訴訟の対象となる行政庁の処分とは、その行為によって、直接若しくは間接に国民の権利義務を形成し又はその範囲を確定することが法律上認められているものをいう。

エ　取消訴訟は、処分又は裁決の取消しを求めるにつき法律上の利益を有する者に限り提起することができ、当該者には、処分又は裁決の効果が期間の経過その他の理由によりなくなった後においてもなお処分又は裁決の取消しによって回復すべき法律上の利益を有する者も含まれる。

オ　行政庁の処分に対して法令の規定により審査請求をすることができる場合には、原則として、審査請求に対する裁決を経た後でなければ取消訴訟を提起することができない。

1　ア、ウ
2　ア、オ
3　イ、エ
4　イ、オ
5　ウ、エ

正解 3

　ウの「間接的に」という記述は少し迷うところです。**エ**も文章が長いので〇と断言するには少し不安を覚えますね。多少難易度の高い出題になっていました。**ア、イ、オ**は確実に判断できるようにしておきましょう。

ア　✕　訴訟要件を満たさない訴えは「棄却」ではなく「却下」　第2節 ①

　訴訟要件を満たしてない場合、**請求を却下する判決**が出されます。

>
> 判決の種類については第5節で扱いますが、「棄却」は、訴訟要件を満たしたうえで本案審理に進んだものの、原告を敗訴とする判断を指します。

イ　〇　①

　条文どおりで正しい記述です（行政事件訴訟法14条1項）。

ウ　✕　間接的な作用には処分性なし　第2節 ②

　判例における行政庁の「処分」の定義は、「公権力の主体たる国または公共団体が行う行為のうち、その行為によって、**直接**国民の権利義務を形成しまたはその範囲を確定することが法律上認められているもの」とされていますので、「若しくは間接に」が余計な記述です。行政立法や条例の制定行為などの間接的な作用には原則として処分性がありません。

エ　〇　第3節 ③

　条文どおりで正しい記述です（行政事件訴訟法9条1項）。

オ　✕　💡　原則は自由選択　④

　取消訴訟と行政不服申立て（審査請求）は**自由選択主義**になっており、**原則として、どちらを選択することも両方行うことも可能**です。ただし、個別の法律に、審査請求に対する裁決を経た後でなければ取消訴訟を提起することができない旨の規定がある場合は、例外的に、それに従う必要があります。

問題 57　行政事件訴訟法に規定する取消訴訟に関する記述として、妥当なのはどれか。

特別区Ⅰ類2018

1　取消訴訟は、被告の普通裁判籍の所在地を管轄する裁判所又は処分若しくは裁決をした行政庁の所在地を管轄する裁判所の管轄に属するが、国を被告とする取消訴訟は、原告の普通裁判籍の所在地を管轄する高等裁判所の所在地を管轄する地方裁判所にも提起することができる。

2　取消訴訟は、主観的出訴期間である処分又は裁決があったことを知った日から6か月を経過したときであっても、正当な理由があれば提起することができるが、客観的出訴期間である処分又は裁決があった日から1年を経過したときは、いかなる場合であっても提起することができない。

3　裁判所は、取消訴訟の審理において必要があると認めるときは、職権で、証拠調べをすることができるが、その証拠調べの結果については、裁判所の専断であるため、当事者の意見をきく必要はない。

4　裁判所は、取消訴訟の結果により権利を害される第三者があるときは、当事者又はその第三者の申立てにより、その第三者を訴訟に参加させることができるが、当該裁判所の職権で、その第三者を訴訟に参加させることはできない。

5　処分又は裁決をした行政庁が国又は公共団体に所属する場合には、処分の取消訴訟は、当該処分をした行政庁を被告として提起しなければならないが、裁決の取消訴訟は、当該裁決をした行政庁の所属する国又は公共団体を被告として提起しなければならない。

最初に**1**を見て正解と判定できるだけの正確な知識を持っておくことが理想です。

1 ○
第4節 3

条文どおりで正しい記述です（行政事件訴訟法12条1項、4項）。後半は、**特定管轄裁判所**についての記述です。

2 ✕ 客観的出訴期間においても例外あり
第4節 1

主観的出訴期間の場合だけではなく、客観的出訴期間においても**正当な理由があれば期間を徒過しても出訴が認められます**（行政事件訴訟法14条1項、2項）。

3 ✕ 💡 当事者の意見を聴く必要あり
1

裁判所は、必要があると認めるときは、職権で証拠調べをすることができますが、その**証拠調べの結果については、当事者の意見を聴く必要があります**（行政事件訴訟法24条）。

4 ✕ 職権での訴訟参加も可
1

訴訟の結果により権利を害される第三者を訴訟参加させることができますが、当事者および第三者の申立てによる場合だけでなく、**裁判所の職権により訴訟参加させることも可能**です（行政事件訴訟法22条1項）。

5 ✕ 被告は原則「行政庁の所属する国又は公共団体」
第4節 2

前半が誤っています。処分または裁決をした行政庁が国または公共団体に所属する場合には、処分取消訴訟は、**当該処分をした行政庁の所属する国または公共団体を被告として提起**しなければなりません（行政事件訴訟法11条1項）。行政庁自身が被告となるのは、処分・裁決を行った行政庁が国にも公共団体にも所属していない場合です。

問題 58　行政事件訴訟法に規定する執行停止に関する記述として、妥当なのはどれか。　　特別区Ⅰ類2020

1　裁判所は、処分の執行又は手続の続行により生ずる重大な損害を避けるため緊急の必要があるときは、申立てにより、決定をもってそれらを停止することができるが、処分の効力の停止はいかなる場合もすることができない。

2　裁判所は、執行停止の決定が確定した後に、その理由が消滅し、その他事情が変更したときは、相手方の申立てにより、決定をもって、執行停止の決定を取り消すことができる。

3　裁判所は、処分の取消しの訴えの提起があった場合において、申立てにより、執行停止の決定をするときは、あらかじめ、当事者の意見をきく必要はなく、口頭弁論を経ないで、当該決定をすることができる。

4　内閣総理大臣は、執行停止の申立てがあり、裁判所に対し、異議を述べる場合には、理由を付さなければならないが、公共の福祉に重大な影響を及ぼすおそれのあるときは、理由を付す必要はない。

5　内閣総理大臣は、執行停止の申立てがあった場合には、裁判所に対し、異議を述べることができるが、執行停止の決定があった後においては、これをすることができない。

正解 2

　1は難しい内容なので無視してよいでしょう。**2**は執行停止の決定の取消しについての記述です。これを直接〇と判定できるようにしておきましょう。

1　✕ Skip ▶　**処分の効力の停止ができる場合もある**

　執行停止のうち最も影響の大きい「処分の効力の停止」は、処分の執行または手続の続行の停止によって目的を達することができる場合には、することができません（行政事件訴訟法25条2項ただし書）。つまり、処分の執行または手続の続行の停止によって目的を達することができない場合には、処分の効力の停止もできるということです。

2　〇

　条文どおりで正しい記述です（行政事件訴訟法26条1項）。

3　✕　当事者の意見を聴く必要あり

　裁判所が執行停止の決定をする場合、あらかじめ**当事者の意見を聴く必要があります**（行政事件訴訟法25条6項）。なお、口頭弁論を経ないですることができるという点は正しいです。

4　✕　異議の理由は必要

　執行停止に対して内閣総理大臣が異議を述べる場合には、理由を付す必要があります（行政事件訴訟法27条2項）。そして、この規定には特に例外が設けられていないので、**公共の福祉に重大な影響を及ぼすおそれのあるときでも理由を付す必要があります**。

5　✕　執行停止の決定後でも可

　内閣総理大臣の異議は、**執行停止の決定される前でも後でも述べることができます**（行政事件訴訟法27条1項）。

問題 59　行政事件訴訟法に関する**ア〜オ**の記述のうち、妥当なもののみを全て挙げているのはどれか。

国家専門職2013

ア 取消訴訟については、裁判所は、処分又は裁決が違法であっても、これを取り消すことにより公の利益に著しい障害を生ずる場合において、一切の事情を考慮した上、その取消しが公共の福祉に適合しないと認めるときは、いわゆる事情判決により原告の請求を棄却することができる。

イ 執行停止の申立てを認める決定がなされた場合に、この決定に不服のある者は、即時抗告をすることができ、即時抗告によって一時的に執行停止の決定の執行を停止させることができる。

ウ 取消訴訟では、民事訴訟と同様、原則として弁論主義が採られているが、公益実現のための行政行為が対象となっていることから、裁判所は必要に応じて職権で証拠調べをすることができる。

エ 執行停止の申立てがあった場合に、内閣総理大臣は、裁判所に対し異議を述べることができるが、異議があったとしても、裁判所は、公共の福祉に重大な影響を及ぼすと認める場合には執行停止をすることができる。

オ 取消訴訟の請求認容判決が確定すると、行政処分の効力は遡及的に消滅するとともに、その判決の効力は第三者にも及ぶことなる。

1　ア、イ
2　イ、エ
3　ウ、オ
4　ア、ウ、オ
5　イ、ウ、エ

　イは細かい条文知識を求めていますので、**ア**、**ウ**、**オ**を〇と確定できるように知識を固めておきましょう。

ア　〇　　　　　　　　　　　　　　　　　　　　　　　　　　③

　条文どおりで正しい記述です（行政事件訴訟法31条1項）。

イ　✕　即時抗告に執行停止を止める効力なし　　　②

　執行停止の決定に対して不服のある者は即時抗告ができます（行政事件訴訟法25条7項）。しかし、即時抗告をしても、**執行停止の決定の執行を一時的に停止させることはできません**（同条8項）。

ウ　〇　　　　　　　　　　　　　　　　　　　　　　　　　①

　取消訴訟でも民事訴訟法を準用する形で弁論主義が採用されています（行政事件訴訟法7条）。また、**職権証拠調べも明文で認められています**（同法24条）。

エ　✕💡　　異議があった場合、裁判所は執行停止不可　　②

　前半は正しいです（行政事件訴訟法27条1項）。しかし、内閣総理大臣の異議があった場合、**裁判所はもはや執行停止をすることはできません**ので（同条4項）、後半は誤っています。

オ　〇　　　　　　　　　　　　　　　　　　　　　　　　　③

　認容判決（取消判決）により、行政処分の効力は**遡及的に消滅**します（形成力）。さらに、その**効力は第三者にも及びます**（第三者効：行政事件訴訟法32条1項）。

問題 60　取消訴訟における判決に関する**ア〜オ**の記述のうち、妥当なもののみをすべて挙げているのはどれか。　国家一般職2011

ア　行政処分の取消判決がなされた場合に生じる取消しの効力は、将来に向かってのみ生じる。

イ　行政処分の取消判決がなされた場合に生じる取消しの効力は、取消訴訟の当事者である原告と被告との関係においてのみ生じるものであり、当事者以外の第三者には及ばない。

ウ　申請の拒否処分の取消訴訟において、当該処分の理由付記が不備であるとして取消判決がなされた場合であっても、当該処分をした行政庁は、判決の趣旨に従い、適法かつ十分な理由を付記して、当該申請について再び拒否処分をすることができる。

エ　申請の拒否処分の取消訴訟を提起して取消判決を得た場合には、当該訴訟を提起した申請者は、改めて申請することなく、当該申請に対する応答を受けることができる。

オ　行政処分の取消訴訟において、裁判所は、いわゆる事情判決により原告の請求を棄却する場合には、判決の主文において当該処分が違法であることを宣言しなければならない。

1　**ア**、**オ**
2　**イ**、**エ**
3　**ウ**、**オ**
4　**ア**、**イ**、**ウ**
5　**ウ**、**エ**、**オ**

正解 **5**

　正解するためには、**ア**、**イ**を✖と確定することに加えて、**エ**を◯と判定することも求められます。ただ、いずれも基本知識なので十分正解できるレベルの問題です。正確に判定できるようにしておきましょう。

ア　✖　認容判決の形成力は遡及効　　　　　　　　　　　　　　　③

　認容判決（取消判決）には遡及効があり、その効果は、**処分の当初にさかのぼって生じます**。

イ　✖💡　　　　形成力には第三者効あり　　　　　　　　　　③

　認容判決の効力は、取消訴訟の当事者である原告と被告との関係においてのみ生じるものではなく、**当事者以外の第三者にも及びます**（第三者効：行政事件訴訟法32条1項）。

ウ　◯　　　　　　　　　　　　　　　　　　　　　　　　　③

　「処分の理由付記が不備であるとして取消判決がなされた場合」というのは、判決により手続に違法があることを理由として取り消された場合に該当します。この場合、拒否処分をした行政庁は、判決の趣旨に従い、改めて申請に対する処分をしなければならないと規定されています（行政事件訴訟法33条3項、2項）。そして、判決の趣旨に従うとは、理由付記の不備を是正することなので、**適法かつ十分な理由を付記して、当該申請について再び拒否処分をすることは可能**です。

エ　◯　　　　　　　　　　　　　　　　　　　　　　　　　③

　申請を拒否した処分が違法として取り消された場合、その処分をした行政庁は、判決の趣旨に従い、改めて申請に対する処分をしなければなりません（行政事件訴訟法33条2項）。したがって、申請者は、**改めて申請することなく、当該申請に対する応答を受けることができます**。

オ　◯　　　　　　　　　　　　　　　　　　　　　　　　　③

　条文どおりで正しい記述です（行政事件訴訟法31条1項）。

問題 61 取消訴訟の判決に関する次の記述のうち、最も妥当なのはどれか。

国家専門職2023

1 取消訴訟において、処分が違法として取り消された場合、その判決の効力は第三者に対しても及ぶため、行政事件訴訟法は、第三者の訴訟参加や再審の訴えを規定して、第三者を手続的に保護している。

2 取消訴訟において、処分が違法として取り消された場合、その処分の効力は、行政庁による取消しを要することなく、その判決の時点から失われる。

3 取消訴訟において、申請を拒否した処分が違法として取り消された場合、処分庁は、申請者から新たな申請がなされたときに限り、その判決の趣旨に従って、改めて申請に対する処分をしなければならない。

4 取消訴訟において、裁判所は、相当と認めるときであっても、終局判決前に、判決をもって、処分又は裁決が違法であることを宣言することはできない。

5 取消訴訟は、処分又は裁決が法律に適合しているかどうかを裁判所が審査するものであるから、当事者が訴えを取り下げることによって終了させることはできず、裁判上の和解もすることができない。

　4、**5**は細かい内容を求めており、少し難易度の高い出題になっています。**1**、**2**、**3**はきちんと押さえておきましょう。

1　○

　認容判決は第三者に対しても効力が及びます（第三者効：行政事件訴訟法32条1項）。そのため**第三者を手続的に保護する必要性が生じます**ので、第三者の訴訟参加の仕組みが用意されており（同法22条1項）、**訴訟参加する機会がなかった第三者には再審の訴えが設けられています**（同法34条）。

2　✕　「判決の時点から」ではなく、「処分の当初にさかのぼって」

　処分が違法として取り消された場合、その処分の効力は、行政庁による取消しを要することなく、**処分の当初にさかのぼって失われます**。このような認容判決の持つ効力を形成力と呼んでいます。

3　✕　新たな申請は不要

　申請を拒否した処分が違法として取り消された場合、その処分をした行政庁は、判決の趣旨に従い、改めて申請に対する処分をしなければなりません（行政事件訴訟法33条2項）。したがって、**申請者が新たな申請をする必要はなく**、処分庁は、その判決の趣旨に従って、改めて申請に対する処分をする必要があります。

4　✕　宣言することができる

　裁判所は、相当と認めるときは、**終局判決前に**、判決をもって、処分または裁決が違法であることを宣言することができます（行政事件訴訟法31条2項）。

5　✕　訴えの取下げは可能

　当事者（原告）が訴えの取下げによって訴訟を終了させることはできます。一方、裁判上の和解が可能か否かについては争いがあります。

問題 62 取消訴訟以外の抗告訴訟に関する**ア〜オ**の記述のうち妥当なものの
みを全て挙げているのはどれか。

国家専門職2014

ア 無効等確認訴訟は、処分又は裁決があったことを知った日から6か月を経
過したときは、正当な理由がない限り、これを提起することができない。

イ 不作為の違法確認訴訟は、処分又は裁決についての申請をした者に限り提
起することができる。また、その申請は、法令に基づく申請であることが必
要である。

ウ 申請型（申請満足型）義務付け訴訟は、一定の処分がされないことにより
重大な損害を生ずるおそれがあり、かつその損害を避けるため他に適当な方
法がないときに限り、提起することができる。

エ 行政庁が一定の処分をしようとしている場合に、その処分に対する差止訴
訟が提起され、認容判決が確定したときは、関係行政庁はその判決に拘束さ
れる。

オ 取消訴訟における執行停止の申立ては、本案の取消訴訟を提起しなければ
申し立てることができないのに対し、仮の差止めの申立ては、処分がされる
ことにより生ずる償うことのできない損害を避けるため緊急の必要がある場
合にされるものであるから、本案の差止訴訟を提起せずに申し立てることが
できる。

1 ア、イ
2 ア、オ
3 イ、ウ
4 イ、エ
5 エ、オ

ア、**イ**、**ウ**は基本的な知識です。**ア**、**ウ**が✖、**イ**が〇と確定できれば、**4**が正解と絞り込めます。したがって、**エ**、**オ**は細かい知識ですが、十分正解は可能な問題といえます。

ア ✖ 無効等確認訴訟には出訴期間なし ②

無効等確認訴訟には、特に出訴期間は定められていません。したがって、時間的な制約は特になく、いつまででも提起可能です。

イ 〇 ③

不作為の違法確認訴訟の原告適格は、処分または裁決についての**「申請をした者」に限り認められています**（行政事件訴訟法37条）。また、不作為の違法確認訴訟は、「行政庁が法令に基づく申請に対し」（同法3条5項）返答をしない場合に提起されるものですから、その申請は**「法令に基づく申請」であることが必要**です。

ウ ✖ 💡 申請型ではなく非申請型の訴訟要件 ④

本記述の内容が訴訟要件となっているのは、**非申請型義務付け訴訟**（行政事件訴訟法3条6号1号）のほうです。

エ 〇 Skip ▶️

差止め訴訟における認容判決には、関係行政庁を拘束する効力（拘束力）が認められています（行政事件訴訟法38条1項、33条）。

オ ✖ 差止め訴訟の提起が前提 ⑤

仮の差止めの申立ても、執行停止の申立て同様（行政事件訴訟法25条2項）、**本案の訴訟が継続していることが申立ての要件**になっています（同法37条の5第2項）。仮の差止めの申立てのみを単独で行うことはできません。

難易度 B　取消訴訟以外の抗告訴訟

第1章第6節

問題 63　行政事件訴訟法の規定する抗告訴訟に関する**ア〜オ**の記述のうち、妥当なもののみを全て挙げているのはどれか。

国家専門職2017

ア　不作為の違法確認の訴えとは、行政庁が法令に基づく申請に対し、相当の期間内に何らかの処分又は裁決をすべきであるにもかかわらず、これをしないことについての違法の確認を求める訴訟をいい、この訴えは、処分又は裁決についての申請をした者に限り、提起することができる。

イ　行政庁の裁量に任された行政処分の無効確認を求める訴訟においては、行政庁が当該行政処分をするに当たってした裁量権の行使がその範囲を超え又は濫用にわたり、したがって、当該行政処分が違法であり、かつ、その違法が重大かつ明白であることを、その無効確認を求める者が主張及び立証しなければならないとするのが判例である。

ウ　法令に基づく申請又は審査請求を却下し又は棄却する旨の処分又は裁決がされた場合において、当該処分又は裁決が取り消されるべきものであり、又は無効若しくは不存在であるときに、義務付けの訴えを提起するためには、当該処分又は裁決に係る取消訴訟又は無効等確認の訴えを提起する必要はない。

エ　差止めの訴えの訴訟要件として行政事件訴訟法が定める「重大な損害が生ずるおそれ」があると認められるためには、処分がされることにより生ずるおそれのある損害が、処分がされた後に取消訴訟等を提起して執行停止の決定を受けることなどにより容易に救済を受けることができるものではなく、処分がされる前に差止めを命ずる方法によるのでなければ救済を受けることが困難なものであることを要するとするのが判例である。

オ　一定の処分を求める義務付け訴訟の本案判決前における仮の救済として、裁判所が仮の義務付けの決定をした場合、裁判所が仮の処分をすることになるのであって、行政庁が仮の処分をするものではない。

1　ア、ウ　　　　　2　イ、ウ　　　　　3　ア、イ、エ
4　ア、イ、オ　　　5　ウ、エ、オ

　ア、ウは基本知識であり、正誤の判定を確実にできるようにしておきたい記述です。ただ、アを◯、ウを✕と確定しただけでは、**3**か**4**の2択までしか絞りきれませんので難しい問題といえます。

ア ◯

　前半は不作為の違法確認訴訟の定義として正しい記述です（行政事件訴訟法3条5項）。また、**不作為の違法確認訴訟の原告適格は、申請した者に限られている**ので（同法37条）、後半も正しい記述です。

イ ◯

　行政庁に裁量のある処分を無効と認定させるには、その要件を**無効確認を求める者が主張および立証しなければならない**とするのが判例です。

ウ ✕ 💡　　　併合提起が必要

　本記述は、「法令に基づく申請又は審査請求を却下し又は棄却する旨の処分又は裁決がされた場合」とあることから、申請型義務付け訴訟（行政事件訴訟法3条6項2号）についての記述であることがわかります。申請型義務付け訴訟は、**義務付け訴訟を単独で提起することはできず、取消訴訟または無効等確認訴訟と併せて提起する必要があります**。

エ ◯

　判例は、「重大な損害が生ずるおそれ」があると認められるためには、本記述のような場合でなければならないとしています。

オ ✕ Skip ▶　仮の義務付けは、行政庁が仮の処分をするもの

　仮の義務付けは、裁判所に命じられて、行政庁が仮の処分をするものであって、裁判所がするものではありません（行政事件訴訟法37条の5第1項参照）。

難易度 A 当事者訴訟・民衆訴訟・機関訴訟 　第1章第7節

問題 64 　行政事件訴訟法に規定する行政事件訴訟に関する記述として、通説に照らして、妥当なのはどれか。 　　　　　　　　　　　　　　　特別区Ⅰ類2022

1 　行政事件訴訟には抗告訴訟、機関訴訟、民衆訴訟及び当事者訴訟の4つの種類があり、抗告訴訟と機関訴訟は主観訴訟、民衆訴訟と当事者訴訟は客観訴訟に区別される。

2 　行政事件訴訟法は、抗告訴訟について、処分の取消しの訴え、裁決の取消しの訴え、無効等確認の訴え、不作為の違法確認の訴え、義務付けの訴え、差止めの訴えの6つの類型を規定しており、無名抗告訴訟を許容する余地はない。

3 　義務付けの訴えとは、行政庁が法令に基づく申請に対し、相当の期間内に何らかの処分又は裁決をすべきであるにかかわらず、これをしないことについての違法の確認を求める訴訟をいう。

4 　民衆訴訟とは、国又は公共団体の機関の法規に適合しない行為の是正を求める訴訟で、選挙人たる資格その他自己の法律上の利益にかかわらない資格で提起するものであり、具体例として、地方自治法上の住民訴訟がある。

5 　当事者訴訟のうち、当事者間の法律関係を確認し又は形成する処分又は裁決に関する訴えで法令の規定によりその法律関係の当事者の一方を被告とするものを、実質的当事者訴訟という。

正解 **4**

各記述とも基本知識で正誤判定ができます。平易な問題です。

1 ✕ 機関訴訟は客観訴訟、当事者訴訟は主観訴訟 ❶

4つの種類があるとする前半は正しい内容ですが、後半の区別は誤っています。主観訴訟と客観訴訟に分けた場合、**抗告訴訟と当事者訴訟は主観訴訟**に、**民衆訴訟と機関訴訟が客観訴訟**に区別されます。

2 ✕ 無名抗告訴訟を許容する余地はある 第6節 ❶

抗告訴訟の6つの類型についての説明は正しいです。しかし、**抗告訴訟に明記されていない無名抗告訴訟も許容される**と一般に考えられています。

3 ✕ 義務付け訴訟ではなく不作為の違法確認訴訟 第6節 ❸

義務付け訴訟には、非申請型義務付け訴訟（1号義務付け訴訟）と申請型義務付け訴訟（2号義務付け訴訟）がありますが、いずれも「**行政庁がその処分又は裁決をすべき旨を命ずることを求める訴訟**」であることは共通です。

4 ◯ ❸

民衆訴訟の説明として正しい記述です（行政事件訴訟法5条）。

5 ✕ 実質的当事者訴訟ではなく形式的当事者訴訟 ❷

本記述は形式的当事者訴訟についての説明になっています。実質的当事者訴訟とは、「**公法上の法律関係に関する確認の訴えその他の公法上の法律関係に関する訴訟**」をいいます。

問題65　行政事件訴訟法に規定する行政事件訴訟に関する記述として、通説に照らして、妥当なのはどれか。　　　　　　　　　　特別区Ⅰ類2016

1　行政事件訴訟法は、抗告訴訟について、処分の取消しの訴え、裁決の取消しの訴え、無効等確認の訴え、不作為の違法確認の訴え、義務付けの訴え、差止めの訴えの6つの類型を規定しており、これ以外に法定されていない無名抗告訴訟を認める余地はない。

2　処分の取消しの訴えとその処分についての審査請求を棄却した裁決の取消しの訴えとを提起することができる場合には、裁決の取消しの訴えにおいては、処分の違法を理由として取消しを求めることができない。

3　無効等確認の訴えは、処分若しくは裁決の存否又はその効力の有無の確認を求める訴訟をいい、行政事件訴訟法に抗告訴訟として位置付けられており、取消訴訟と同様に出訴期間の制約がある。

4　当事者訴訟には、2つの類型があり、公法上の法律関係に関する確認の訴えその他の公法上の法律関係に関する訴訟を形式的当事者訴訟といい、当事者間の法律関係を確認し又は形成する処分又は裁決に関する訴訟で法令の規定によりその法律関係の当事者の一方を被告とするものを実質的当事者訴訟という。

5　民衆訴訟は、国又は公共団体の機関の法規に適合しない行為の是正を求める訴訟で、選挙人たる資格その他自己の法律上の利益にかかわらない資格で提起するものであり、法律に定める者に限らず、誰でも訴えを提起することができる。

正　解　**2**

　正解の**2**は第5節で学習した内容です。他の記述も深い理解を問うているものはなく、基本知識で正誤判定ができる平易な問題です。

1　✕　無名抗告訴訟を許容する余地はある　　　　　第6節 ❶

　抗告訴訟の6つの類型についての説明は正しいです。しかし、**抗告訴訟に明記されていない無名抗告訴訟も許容される**と一般に考えられています。

2　○　　　　　　　　　　　　　　　　　　　　　第5節 ❶

　本記述のような考え方を原処分主義といいます。裁決取消訴訟では、処分の違法を理由として取消しを求めることはできず、**裁決にのみ存在する違法（裁決固有の違法）しか主張できません**（行政事件訴訟法10条2項）。

3　✕　無効等確認訴訟には出訴期間なし　　　　　　第6節 ❷

　前半の無効等確認訴訟の定義（行政事件訴訟法3条4項）と抗告訴訟として位置づけられるという点は正しいです。しかし、無効等確認訴訟には**出訴期間の制約はなく、いつまででも提起することが可能**です。

4　✕　「形式的当事者訴訟」と「実質的当事者訴訟」が逆　　❷

　前半が「実質的当事者訴訟」の説明、後半が「形式当事者訴訟」の説明です。

　　「形式的当事者訴訟」の定義には、必ず「当事者の一方を被告とするもの」という表現が入るので、この表現が入っている否かで識別しましょう。

5　✕　提訴権者は「法律に規定されている者」　　　❶ ❸

　前半の民衆訴訟の定義（行政事件訴訟法5条）は正しいです。しかし、民衆訴訟は、法律の定める場合にのみ訴えを提起できる客観訴訟であり、**提訴権者としてその根拠法で定められている者のみ訴えを提起することができます**。

問題66　行政事件訴訟法の定める行政事件訴訟に関する**ア〜オ**の記述のうち、妥当なもののみを全て挙げているのはどれか。　　国家専門職2018

ア　機関訴訟は、国又は公共団体の機関相互間における権限の存否又はその行使に関する紛争についての訴訟であり、地方公共団体の長と議会が議会の議決に瑕疵があるかを争う訴訟はこれに当たる。

イ　不作為の違法確認訴訟は、処分又は裁決についての申請をした者に限らず、行政庁が当該処分又は裁決をすることにつき法律上の利益を有する者であれば、提起することができる。

ウ　差止訴訟は、行政庁に対し一定の処分又は裁決をしてはならない旨を命ずることを求める訴訟であり、一定の処分又は裁決がされることにより重大な損害を生ずるおそれがある場合には、その損害を避けるため他に適当な方法があるときであっても、提起することができる。

エ　民衆訴訟は、国又は公共団体の機関の法規に適合しない行為の是正を求める訴訟で、選挙人たる資格その他自己の法律上の利益に関わらない資格で提起するものであり、住民訴訟や選挙の効力に関する訴訟はこれに当たる。

オ　当事者訴訟には、実質的当事者訴訟と呼ばれる、公法上の法律関係に関する確認の訴えその他の公法上の法律関係に関する訴訟と、形式的当事者訴訟と呼ばれる、当事者間の法律関係を確認し又は形成する処分又は裁決に関する訴訟で法令の規定によりその法律関係の当事者の一方を被告とするものがある。

1　ア、イ、エ
2　ア、ウ、オ
3　ア、エ、オ
4　イ、ウ、エ
5　イ、ウ、オ

　イ、**ウ**を**✗**と判定することで、正解は**3**と絞り込めます。**イ**は必ず知っておきたい基本知識であり、**ウ**の差止め訴訟の要件は少し細かいですがぜひ覚えておきましょう。

ア ○　　　　　　　　　　　　　　　　　　　　　　　　3

　機関訴訟（行政事件訴訟法6条）についての正しい記述です。

イ ✗　不作為の違法確認訴訟は申請者のみ提起可　　第6節 3

　不作為の違法確認訴訟の原告適格は、処分または裁決についての**申請をした者にのみ認められています**（行政事件訴訟法37条）。

ウ ✗　損害を避けるため他に適当な方法がないことを要する　第6節 5

　差止め訴訟は、❶一定の処分または裁決がされることにより**重大な損害を生ずるおそれがある場合**であって、❷**その損害を避けるため他に適当な方法がないとき**でなければ、提起できません（行政事件訴訟法37条の4第1項）。

エ ○　　　　　　　　　　　　　　　　　　　　　　　　3

　民衆訴訟（行政事件訴訟法5条）についての正しい記述です。

オ ○　　　　　　　　　　　　　　　　　　　　　　　　2

　当事者訴訟（行政事件訴訟法4条）についての正しい記述です。

問題 67　行政訴訟の類型に関する**ア〜オ**の記述のうち、妥当なもののみを全て挙げているのはどれか。　　　　　　　　　　　　国家一般職2015

ア　抗告訴訟は、行政事件訴訟法に規定される法定抗告訴訟のみに限定されず、いわゆる無名抗告訴訟（法定外抗告訴訟）も許容されると解されていたが、平成16年に同法が改正されて、それまで無名抗告訴訟として想定されていた義務付け訴訟及び差止め訴訟が法定抗告訴訟とされたことに伴い、同法において、無名抗告訴訟が許容される余地はなくなったと一般に解されている。

イ　無効等確認の訴えとは、処分若しくは裁決の存否又はその効力の有無の確認を求める訴訟である。行政処分が無効である場合において、行政事件訴訟法は、行政処分の無効を前提とする現在の法律関係に関する訴えによることを原則とし、無効確認訴訟を提起できる場合を限定している。

ウ　行政事件訴訟法は、行政事件訴訟を抗告訴訟、当事者訴訟、民衆訴訟及び機関訴訟の4類型に分けており、これらのうち、民衆訴訟及び機関訴訟は、法律に定める場合において、法律の定める者に限り、提起することができるとしている。

エ　当事者間で公法上の法律関係を争う訴えである当事者訴訟には、二つの類型がある。これらのうち、公法上の法律関係に関する訴訟は、対等当事者間の訴訟である点で民事訴訟と共通するが、公法私法二元論を前提として、民事訴訟と区別して行政事件訴訟の一類型として位置付けたものであり、形式的当事者訴訟と呼ばれる。

オ　抗告訴訟のうち、処分の取消しの訴え及び裁決の取消しの訴えを併せて取消訴訟という。処分の取消しの訴えとその処分についての審査請求を棄却した裁決の取消しの訴えとを提起することができる場合には、原則として原処分を支持した裁決の取消しを求めて訴訟を提起することにより、当該裁決の取消しと併せて原処分の取消しを求めることとなる。

1 ア、イ　　**2** ア、オ　　**3** イ、ウ　　**4** ウ、エ　　**5** エ、オ

　ア、**エ**を✖と判定することは容易です。それによって、**3**が正解と絞り込めてしまうので、正解するのは簡単な問題といえます。

ア ✖　無名抗告訴訟が許容される余地はある
第6節 **1**

　2004年（平成16年）の行政事件訴訟法の改正により、義務付け訴訟および差止め訴訟が法定抗告訴訟とされたことにより、無名抗告訴訟を認める必要性は低くなったとされていますが、改正後においても**無名抗告訴訟が許容される余地はある**と一般に解されています。

イ 〇
第6節 **2**

　前半の無効等確認訴訟（行政事件訴訟法3条4項）の定義は正しいです。また、無効等確認訴訟は、現在の法律関係に関する訴えによって目的を達することができない場合にのみ提起ができるという**補充的な訴えとして規定されています**（同法36条）。したがって、後半も正しい内容になっています。

ウ 〇
1

　条文どおりで正しい記述です（行政事件訴訟法2条、42条）。

エ ✖　形式的当事者訴訟ではなく実質的当事者訴訟
2

　当事者訴訟には2類型があり、本記述の説明は実質的当事者訴訟の説明になっています（行政事件訴訟法4条後段）。

オ ✖　原則は自由選択主義
第5節 **1**

　「原処分の取消しの訴え」と「裁決の取消しの訴え」のいずれの訴訟を選択するかについては、**原則として、原告が自由に選択することができます（自由選択主義）**。しかし、裁決の取消しの訴えでは処分の違法を理由として取消しを求めることができません（行政事件訴訟法10条2項）。これを原処分主義といいます。したがって、原告としては、原処分の違法を主張して取消しを求めるのであれば、「原処分の取消しの訴え」を選択することになるでしょう。

問題 68　　行政不服審査法に関する次の記述のうち、妥当なのはどれか。

国家専門職2018

1　平成26年に全部改正された行政不服審査法は、異議申立てを廃止し、不服申立類型を原則として審査請求に一元化した。また、審査請求は、原則として、処分庁又は不作為庁に対して行うこととされた。

2　処分についての審査請求は、処分の法的効果の早期安定を図る見地から、やむを得ない理由がある場合を除き、処分があったことを知った日の翌日から3か月以内又は処分があった日の翌日から6か月以内に審査請求期間が制限されている。

3　再調査の請求は、処分庁以外の行政庁に対して審査請求をすることができる場合において、個別法に再調査の請求をすることができる旨の規定があるときにすることができるが、原則として、再調査の請求をすることができる場合には審査請求をすることができない。

4　行政庁は、不服申立てをすることができる処分を書面又は口頭でする場合は、処分の相手方に対し、当該処分につき不服申立てをすることができる旨並びに不服申立てをすべき行政庁及び不服申立てをすることができる期間を書面で教示しなければならない。

5　審査請求は、他の法律（条例に基づく処分については、条例）に口頭ですることができる旨の定めがある場合を除き、審査請求書を提出してしなければならない。

正 解　5

　4については第2節で学習します。他は特に難しくないので、**5**を〇とストレートに判定できるようにしておきましょう。

1　✕　原則の審査請求先は最上級行政庁　②

　前半は正しいです。しかし、審査請求の相手先は、原則として、**処分庁または不作為庁の最上級行政庁**とされています（行政不服審査法4条4号）。

2　✕　客観的期間は「1年」　③

　処分についての審査請求の申立て期間は、正当な理由がある場合を除き、処分があったことを知った日の翌日から起算して3か月以内、または**処分があった日の翌日から起算して1年以内**です（行政不服審査法18条1項、2項）。

3　✕　💡　自由選択が可能　②

　前半は条文どおりで正しいです（行政不服審査法5条1項）。しかし、どちらの方法を採用するかについては**自由に選択**できます。再調査の請求をすることができる場合に、それをせずに審査請求をすることも、再調査の請求を行い、それに対する決定が出た後に審査請求をすることも可能です。

4　✕　Skip▶️　処分を口頭でした場合は教示義務なし

　行政庁に、処分の相手方に対して、❶処分につき不服申立てをすることができる旨、❷不服申立てをすべき行政庁、❸不服申立て期間を教示する義務が生じるのは、書面で処分をする場合です（行政不服審査法82条1項）。処分を口頭でする場合は、行政庁に教示義務が生じません（同条項ただし書）。

5　〇　③

　条文どおりで正しい記述です（行政不服審査法19条1項）。

問題 69　　行政不服審査法上の不服申立てに関する**ア～オ**の記述のうち、妥当なもののみを全て挙げているのはどれか。　　　　　　国家専門職2020

ア　審査請求の審理は書面によることが原則とされているが、審査請求人又は参加人の申立てがあったときは、審理員は、当該申立人に口頭で意見を述べる機会を与えなければならず、さらに、審査請求人又は参加人が当該申立てと同時に公開審理を求めたときは、公開審理を行わなければならない。

イ　審査請求が行政不服審査法における形式上必要な要件を欠いているために不適法な場合であっても、審査庁は、直ちに当該審査請求を却下してはならず、可能な場合には補正を命じなければならない。この補正命令に応じて審査請求書が補正されたときは、補正がされた時点から適法な審査請求がされたものとみなされる。

ウ　処分についての審査請求は、正当な理由があるときを除き、処分があったことを知った日の翌日から起算して3か月以内にしなければならず、また、正当な理由があるときを除き、処分があった日の翌日から起算して1年を経過したときはすることができない。

エ　行政庁の処分につき処分庁以外の行政庁に対して審査請求をすることができる場合において、法律に再調査の請求をすることができる旨の定めがあるときは、当該処分に不服がある者は、処分庁に対する再調査の請求をすることもできる。ただし、当該処分について再調査の請求をせずに審査請求をしたときは、再調査の請求をすることはできない。

オ　行政不服審査法が行政の適正な運営の確保をその目的として明示していることに照らし、同法の定める不服申立適格は、行政事件訴訟法の定める取消訴訟の原告適格よりも広く解釈すべきであるとするのが判例である。

1　ア、イ　　　　　2　ア、ウ　　　　3　イ、オ
4　ウ、エ　　　　　5　エ、オ

　ア、**オ**を✕と判定できれば、正解は**4**と絞れます。基本的なレベルの問題です。

ア　✕　💡　　口頭陳述・審理は非公開　　　　　　　　　　　　　　　①

　審査請求の審理は書面によることが原則とされていますが、審査請求人または参加人の申立てがあったときは、審理員は、当該申立人に**口頭で意見を述べる機会を与えなければなりません**（行政不服審査法31条1項）。しかし、審査請求人等の請求により**公開審理とされる規定は存在しません**。

イ　✕　当初から適法な審査請求がされたものとみなされる　　第1節 ③

　審査請求が行政不服審査法における形式上必要な要件を欠いているために不適法な場合、審査庁は、補正が可能なときは、**相当の期間を定めてその期間内に不備を補正すべきことを命じなければなりません**（行政不服審査法23条）。そして、この補正命令を受けて所定の期間内に補正がされたときは、**当初から適法な審査請求がされたものと扱われます**。

ウ　○　　　　　　　　　　　　　　　　　　　　　　　　　　第1節 ③

　審査請求期間についての正しい記述です（行政不服審査法18条1項、2項）。

エ　○　　　　　　　　　　　　　　　　　　　　　　　　　　第1節 ②

　前半は条文どおりで正しい記述です（行政不服審査法5条1項本文）。そして、再調査の請求をすることができる場合であっても、それをせずに審査請求をすることも可能です（**自由選択主義**）。ただし、**再調査の請求をせずに審査請求をした場合は、もはや再調査の請求をすることはできません**（同条項ただし書）ので、後半も正しいです。

オ　✕　取消訴訟の原告適格と同様に解釈すべき　　　　　　　第1節 ③

　判例は、行政不服審査法の不服申立適格を、**行政事件訴訟法の定める取消訴訟の原告適格と同様なもの**として解釈しています。

問題70 　行政不服審査法に関する**ア**〜**オ**の記述のうち、妥当なもののみを全て挙げているのはどれか。

国家一般職2020

ア 　行政庁の処分に不服がある者は、行政不服審査法の定めるところにより、審査請求をすることができるが、同法は、同法による審査請求をすることができない処分については、別に法令で当該処分の性質に応じた不服申立ての制度を設けなければならないとしている。

イ 　法令に基づき行政庁に対して処分についての申請をした者は、当該申請から相当の期間が経過したにもかかわらず、行政庁の不作為がある場合には、行政不服審査法の定めるところにより、当該不作為についての審査請求をすることができるが、当該不作為についての再調査の請求をすることはできない。

ウ 　行政庁の処分についての審査請求の裁決に不服がある者は、個別の法律に再審査請求をすることができる旨の定めがない場合であっても、行政不服審査法の定めるところにより、再審査請求をすることができる。

エ 　審査請求は、代理人によってすることができ、代理人は、審査請求人のために、当該審査請求に関する行為をすることができる。ただし、審査請求の取下げは、いかなる場合であっても、代理人がすることはできない。

オ 　行政不服審査法は、処分（事実上の行為を除く。）についての審査請求に理由がある場合（事情裁決をする場合を除く。）には、処分庁の上級行政庁又は処分庁である審査庁は、裁決で、当該処分の全部若しくは一部を取り消し、又はこれを変更することとしている。

1 　**ア**、**イ**
2 　**ア**、**エ**
3 　**イ**、**オ**
4 　**ウ**、**エ**
5 　**ウ**、**オ**

　ア、ウを**✕**と判定できれば正解は導き出せるので、正解するのは容易な問題といえます。

ア　✕　制度を設ける義務はない　第1節 ①

　「制度を設けることを妨げない」という規定であって、**義務があるわけではありません**（行政不服審査法8条）。

イ　◯　第1節 ②

　不作為も審査請求の対象なので、法令に基づく申請に対して何らの処分もない場合（不作為の場合）、不作為に対して審査請求をすることが可能です（行政不服審査法3条）。ただし、再調査の請求は、処分に対する場合だけを対象としており（同法5条1項本文）、**不作為に対する再調査の請求は認められません**。

ウ　✕　個別の法律の規定が必要　第1節 ②

　再審査請求ができるのは、個別の法律に**再審査請求をすることができる旨の定めがある場合**です（行政不服審査法6条1項）。

エ　✕　特別な委任があれば取下げも可能　第1節 ③

　審査請求は、代理人によってすることができます（行政不服審査法12条1項）。そして、代理人は、審査請求に関する一切の行為をすることができますが、**審査請求の取下げをするには、特別な委任を受ける必要があります**（同条2項）。したがって、代理人は、いかなる場合であっても審査請求の取下げができないわけではありません。

オ　◯　④

　条文どおりで正しい記述です（行政不服審査法46条1項）。裁決で変更ができるのは、審査庁が処分庁の上級行政庁または処分庁の場合に限られます。つまり、**審査庁がそれら以外（第三者的行政庁）の場合は、裁決で変更をすることができません**。

問題71　行政不服審査法に関する**ア〜オ**の記述のうち、妥当なもののみを全て挙げているのはどれか。　　　　　　　　　　国家専門職2022

ア　行政不服審査法においては、不服申立ての対象を行政作用全般としており、同法又は他の法律で適用除外とされている場合に該当しない限り、不服申立てをすることができるとする概括主義が採用されている。

イ　処分についての審査請求は、正当な理由がある場合を除き、処分があったことを知った日の翌日から起算して3か月以内にしなければならない。また、処分があった日の翌日から起算して1年を経過した場合は、正当な理由がある場合でも、審査請求をすることはできない。

ウ　審査請求が可能な処分について教示をする際に、審査請求をすべき行政庁を誤って教示した場合、誤った教示に基づいて審査請求を受けた行政庁は、速やかに審査請求書を処分庁又は審査庁となるべき行政庁に送付し、その旨を審査請求人に通知しなければならない。

エ　処分についての審査請求の裁決には、却下、棄却、認容といった類型がある。審査請求が適法になされていない場合は、却下とされ、審査請求に理由があるかの審理は行われない。審査請求に理由があると認められる場合は、例外なく認容とされ、当該処分の取消し、変更のいずれかが行われる。

オ　審査請求は、処分の効力、処分の執行又は手続の続行を妨げないが、処分庁の上級行政庁又は処分庁である審査庁は、必要があると認める場合には、審査請求人の申立てにより又は職権で、処分の効力、処分の執行又は手続の続行の全部又は一部の停止その他の措置をとることができる。

1　ア、イ
2　ウ、オ
3　ア、イ、エ
4　イ、ウ、オ
5　ウ、エ、オ

正解 **2**

　イ、**エ**を**✕**と判定できれば、消去法で正解は **2** に絞ることができ、正解するのが難しい問題ではありません。

ア ✕　対象は「処分」と「不作為」に限定　　　第1節 ①

　行政不服審査法においては、行政不服申立ての対象は**「処分」と「不作為」に限定**しています（行政不服審査法2条、3条）。行政作用全般を対象とはしていません。なお、概括主義が採られているとする後半は正しい記述です。

イ ✕　1年を経過しても正当な理由があれば可能　　　第1節 ③

　前半は正しい記述です（行政不服審査法18条1項）。しかし、処分があった日の翌日から起算して1年を経過した場合も、前半同様、**正当な理由がある場合であれば審査請求可能**です（同条2項ただし書）。したがって、後半が誤っています。

ウ 〇　　　⑤

　条文どおりで正しい記述です（行政不服審査法22条1項）。

エ ✕💡　事情裁決の場合もあり　　　④

　審査請求が適法になされていない場合は、却下とされ（行政不服審査法45条1項）、審査請求に理由があるかの審理は行われません。一方、審査請求に理由があると認められる場合は、認容とされるほか（同法46条1項）、**事情裁決がなされることもある**ので（同法45条3項）、例外なく認容とされるとはいえません。

オ 〇　　　③

　執行停止についての記述です。条文どおりで正しい記述です（行政不服審査法25条1項、2項）。

　本記述のように職権で執行停止が可能であり、その内容として「その他の措置」も可能なのは、審査庁が処分庁の上級行政庁または処分庁である場合です。

問題 72　行政不服審査法に関する**ア～オ**の記述のうち、妥当なもののみを全て挙げているのはどれか。　　　　　　国家一般職2021

ア　行政不服審査法は、行政庁の処分及びその不作為、行政立法、行政指導等について、特に除外されない限り、審査請求をすることができるとの一般概括主義を採っており、広く行政作用全般について審査請求を認めている。

イ　行政不服審査法は、審理員による審理手続を導入し、審理員が主張・証拠の整理等を含む審理を行い、審理員意見書を作成し、これを事件記録とともに審査庁に提出する仕組みを設けている。審理員には、審査請求の審理手続をより客観的で公正なものとするため、審査庁に所属していない職員が指名される。

ウ　審査請求の審理の遅延を防ぎ、審査請求人の権利利益の迅速な救済に資するため、審査庁となるべき行政庁は、審査請求がその事務所に到達してから当該審査請求に対する裁決をするまでに通常要すべき標準的な期間を必ず定め、これを事務所における備付けその他の適当な方法により公にしておかなければならない。

エ　審査請求の手続は、原則として書面によって行われるが、審査請求人又は参加人の申立てがあった場合、審理員は、原則として、その申立人に口頭で審査請求に係る事件に関する意見を述べる機会を与えなければならない。その際、申立人は、審理員の許可を得て、当該審査請求に係る事件に関し、処分庁等に対して、質問を発することができる。

オ　行政不服審査法は、審査請求手続において客観的かつ公正な判断が得られるよう、行政不服審査会を総務省に置き、審査請求の審理に関与する仕組みを設けている。行政不服審査会の委員は、審査会の権限に属する事項に関し公正な判断をすることができ、かつ、法律又は行政に関して優れた識見を有する者のうちから、両議院の同意を得て、総務大臣が任命する。

1　ア、ウ	**2**　ア、オ	**3**　イ、ウ
4　イ、エ	**5**　エ、オ	

　各記述とも文章が長く、**エ**、**オ**を確信を持って○と判定することは難しいですが、**ア**、**イ**が間違った内容を含むことは基本知識で判断が可能です。

ア　✕　対象は「処分」と「不作為」に限定

　行政不服審査法は、審査請求の対象を「**処分**」と「**不作為**」に**限定**しており、広く**行政作用全般について審査請求を認めているわけではありません**。

> なお、「処分」に該当するものは原則として審査請求の対象となる、という意味での一般概括主義が採用されています。

イ　✕　審理員は審査庁に所属する職員より指名

　前半の審理員による審理手続については正しい記述です（行政不服審査法9条、36条、37条、42条）。しかし、**審理員には、審査庁に所属している職員が指名されます**（同法9条1項）。

> なお、公正性を保つために処分に関与した職員等を除外する規定は設けられています（行政不服審査法9条2項）。

ウ　✕　標準審理期間の設定は努力義務

　本記述の期間のことを標準審理期間といい、**必ず定める必要はなく、定めるように努めるものです**（行政不服審査法16条）。なお、**定めた場合には、公にしておかなければならない**点は正しいです。

> この点は、行政手続法の申請に対する処分における標準処理期間と同じ規定の仕方になっています。

エ　○

　前半、後半ともに条文どおりで正しい記述です（行政不服審査法31条1項、5項）。

オ　○

　前半、後半ともに条文どおりで正しい記述です（行政不服審査法67条1項、69条1項）。

問題 73 　行政不服審査法に関する**ア～オ**の記述のうち、妥当なもののみを挙げているのはどれか。

国家専門職2023

ア 　審査請求書が行政不服審査法に規定する要件を欠いているために不適法となっている場合、審査庁は、相当の期間を定め、その期間内に不備を補正すべきことを命じなければならず、補正命令に応じて審査請求書が是正されたときは、是正された時点から、適法な不服申立てがあったこととなる。

イ 　行政不服審査法では、行政庁の処分につき処分庁以外の行政庁に対して審査請求をすることができる場合で、法律に再調査の請求をすることができる旨の定めがあるときは、審査請求を既に行ったときでも、処分庁に対して再調査の請求をすることができる。

ウ 　行政庁は、不服申立てをすることができる処分を書面でする場合には、処分の相手方に対し、当該処分につき不服申立てができる旨と、不服申立てをすべき行政庁及び不服申立てをすることができる期間を書面で教示しなければならない。

エ 　処分の相手方が審査請求を行うと、原則として、審査請求を行った時点から当該処分の執行や効力は停止される。

オ 　審査庁となるべき行政庁は、審査請求がその事務所に到達してから当該審査請求に対する裁決をするまでに通常要すべき標準的な期間を定めるよう努めるとともに、これを定めたときは、当該審査庁となるべき行政庁等の事務所における備付けその他の適当な方法により公にしておかなければならない。

1　**ア**、**イ**
2　**ア**、**ウ**
3　**イ**、**エ**
4　**ウ**、**オ**
5　**エ**、**オ**

　ア、エを✖と判定するのは基本知識で可能です。それができれば正解は **4** と絞れますので、正解するのは容易な問題といえます。

ア ✖　当初から適法な審査請求がされたものとみなされる　第1節 ③

　補正をすべきことを命じなければならないとする前半部分は、条文どおりで正しい記述です（行政不服審査法23条）。しかし、この補正命令に応じて是正がされたときは、**当初から適法な審査請求がされたものと扱われます。**

イ ✖　審査請求後は、もはや再調査の請求不可　第1節 ②

　再調査の請求をすることができる場合であっても、それをせずに審査請求をすることも可能ですが（自由選択主義）、**再調査の請求をせずに審査請求をした後においては、もはや再調査の請求をすることはできません**（行政不服審査法5条1項ただし書）。

ウ 〇　⑤

　教示義務についての記述です。条文どおりで正しい記述です（行政不服審査法82条1項）。

エ ✖　原則は執行不停止　③

　処分に対して審査請求がされたとしても、**執行は停止しないのが原則**です（行政不服審査法25条1項）。

オ 〇　①

　標準審理期間についての記述です。条文どおりで正しい記述です（行政不服審査法16条）。

問題 74 行政不服審査法に規定する審査請求に関する記述として、妥当なのはどれか。

特別区Ⅰ類2023

1 不作為についての審査請求は、当該不作為に係る処分についての申請の日の翌日から起算して3月を経過したときは、正当な理由があるときを除き、することができない。

2 審査請求は、口頭でできる旨の定めがある場合を除き、審査請求書を提出してしなければならず、審査請求をすべき行政庁が処分庁と異なる場合、審査請求人は、必ず処分庁を経由して審査請求書を提出しなければならない。

3 審理員は、審理手続を計画的に遂行する必要がある場合に、審理関係人を招集し意見の聴取を行うことができるが、遠隔地に居住している審理関係人と、音声の送受信による通話で意見の聴取を行うことはできない。

4 処分庁の上級行政庁又は処分庁である審査庁は、必要があると認める場合には、審査請求人の申立てにより又は職権で、処分の効力、処分の執行又は手続の続行の全部又は一部の停止その他の措置をとることができる。

5 事情裁決の場合を除き、事実上の行為についての審査請求が理由がある場合、処分庁の上級行政庁以外の審査庁は、裁決で、当該事実上の行為を変更すべき旨を当該処分庁に命ずることができる。

3、5は細かい内容になっています。4をストレートに○と判断できるようにしておきましょう。

1 ✕ 不作為についての審査請求には期間制限なし　第1節 3

不作為についての審査請求は、申立て期間についての規定が特になく、**不作為状態が継続している限りは、申立てが可能**です。

2 ✕ 処分庁の経由は任意選択　第1節 3

前半は、条文どおりで正しい記述です（行政不服審査法19条1項）。**審査請求をすべき行政庁が処分庁と異なる場合、審査請求人は、処分庁を経由して審査請求書を提出することもできます**（同法21条1項）。このように、処分庁を経由して提出するか否かは、審査請求人が任意に選択できるものであり、義務ではありません。したがって、後半は誤っています。

3 ✕ Skip▶ 遠隔地の審理関係人に対する音声通話での聴取も可

審理員は、前半の記述にあるように、必要に応じて審理関係人から意見聴取ができます（行政不服審査法37条1項）。さらに、遠隔地に居住している審理関係人と、音声の送受信による通話で意見の聴取を行うことができます（同条2項）。したがって、後半は誤っています。

4 ○　3

条文どおりで正しい記述です（行政不服審査法46条1項）。

5 ✕ Skip▶ 変更を命ずることは不可

審査庁が処分庁の上級行政庁である場合は、変更をすべき旨を当該処分庁に命ずることができますが、審査庁が処分庁の上級行政庁以外の場合（つまり第三者的行政庁の場合）は、変更をすべき旨を当該処分庁に命ずることはできません（行政不服審査法47条ただし書）。

審査請求の審理・裁決　　　　　　　　　　第2章第2節

問題 75　　行政不服審査法に関する**ア〜オ**の記述のうち、妥当なもののみを全て挙げているのはどれか。　　　　　　　　　　　　　　　　国家専門職2019

ア　審査請求をすることができる「処分」には、条例に基づく処分も含まれる。

イ　処分庁の上級行政庁又は処分庁である審査庁は、必要があると認める場合には、審査請求人の申立てにより執行停止をすることができるが、審査請求人の申立てを待たずに当該審査庁の職権で執行停止をすることはできない。

ウ　審査請求人又は参加人の申立てがあった場合には、審理員は、原則として、当該申立てをした者に口頭で審査請求に係る事件に関する意見を述べる機会を与えなければならない。

エ　行政庁の処分又は不作為につき、処分庁又は不作為庁以外の行政庁に対して審査請求をすることができる場合においても、当該処分又は不作為に不服のある者は、処分庁又は不作為庁に対して再調査の請求をすることができる。

オ　再審査請求に理由がない場合には、当該再審査請求は棄却される。また、審査請求を却下し、又は棄却した原裁決が違法又は不当である場合において、当該審査請求に係る処分が違法又は不当のいずれでもないときは、再審査庁は原裁決を取り消さなければならない。

1　ア、イ
2　ア、ウ
3　イ、エ
4　ウ、オ
5　エ、オ

　オが難しいので、**ア**、**ウ**を○と判定できないと正解するのが難しいです。少し難易度の高い問題といえます。

ア　○

　行政不服審査法では、「処分」に該当すれば行政不服申立ての対象となるという**一般概括主義を採用**しています。条例に基づく処分を除外する規定も特にないことから、**条例に基づく処分も含まれます**。

イ　×　💡　審査庁の職権で執行停止可

　審査庁が処分庁または処分庁の上級行政庁である場合、**職権で執行停止をすることも可能**です（行政不服審査法25条2項）。

ウ　○

　条文どおりで正しい記述です（行政不服審査法31条1項）。

エ　×　不作為についての再調査の請求は不可

　不作為に対する不服申立てには、**再調査の請求の制度はありません**。

オ　×　Skip▶️　原裁決を取り消すのではなく、再審査請求を棄却する

　再審査請求に理由がない場合には当該再審査請求は棄却されます（行政不服審査法64条2項）ので、前半は正しいです。一方、審査請求を却下し、または棄却した原裁決が違法または不当である場合において、当該審査請求に係る処分が違法または不当のいずれでもないときは、再審査庁は当該再審査請求を棄却します（同条3項）。原裁決が取り消されるわけではありません。

> **プラスone** ❶原裁決は違法だが❷処分は違法ではない、ということは、❶の違法の原因は理由の不備などが考えられます。この場合、❷処分に違法がない以上、原裁決を取り消して審査請求をやり直させても処分は取り消されませんので、結果は同じです。そこで再審査請求を棄却する形で終結させることにしているのです。

A 国家賠償法1条責任

問題 76 国家賠償法に関する**ア〜オ**の記述のうち、判例に照らし、妥当なもののみを全て挙げているのはどれか。

ア 国会議員は、立法に関しては、国民全体に対する関係で政治的責任を負っており、また、立法行為を通して個別の国民の権利に対応した関係での法的義務も負っているから、国会議員の立法行為は、立法の内容が憲法の一義的な文言に違反している場合には、国家賠償法第1条第1項の規定の適用上、違法の評価を受ける。

イ 税務署長が行う所得税の更正は、課税要件事実を認定・判断する上において、必要な資料を収集せず、職務上通常尽くすべき注意義務を尽くすことなく漫然と更正をしたと認め得るような場合は当然のこと、所得金額を過大に認定し更正処分を行った場合においては、そのことを理由として直ちに国家賠償法第1条第1項にいう違法の評価を受ける。

ウ 宅地建物取引業法における免許制度は、宅地建物取引業者の不正な行為により個々の取引関係者が被る具体的な損害の防止等を直接的な目的とするものではなく、こうした損害の救済は一般の不法行為規範等に委ねられているというべきであるから、知事等による免許の付与ないし更新それ自体は、法所定の免許基準に適合しない場合であっても、当該業者の不正な行為により損害を被った取引関係者に対する関係において直ちに国家賠償法第1条第1項にいう違法な行為に当たるものではない。

エ 国又は公共団体の公務員による一連の職務上の行為の過程において他人に被害を生ぜしめた場合において、それが具体的にどの公務員のどのような違法行為によるものであるかを特定することができなくても、一連の行為のうちのいずれかに行為者の故意又は過失による違法行為が存在しなければ、被害が生じることはなかったであろうと認められ、かつ、それがどの行為であるにせよ、これによる被害につき行為者の属する国又は公共団体が法律上賠償の責任を負うべき関係が存在するときは、国又は公共団体は、加害行為の不特定を理由に国家賠償法上の損害賠償責任を免れることができない。

オ およそ警察官は、異常な挙動その他周囲の事情から合理的に判断して何らかの犯罪を犯したと疑うに足りる相当な理由のある者を停止させて質問し、現行犯人を現認した場合には速やかにその検挙又は逮捕に当たる職責を負っていることから、警察官のパトカーによる追跡を受けて車両で逃走する者が惹起した事故により第三者が損害を被った場合において、当該追跡行為の違法性を判断するに当たっては、その目的が正当かつ合理的なものであるか否かについてのみ判断すれば足りる。

1　ア、オ
2　イ、ウ
3　ウ、エ
4　ア、エ、オ
5　イ、ウ、エ

ア、**イ**を✘と確定できるようにしておくことが大切です。それができれば正解は **3** に絞り込めますので、基本的な問題といえます。

ア ✘ 個別の国民の権利に対応した法的義務はなし ③▶

判例は、国会議員は立法に関して**国民全体に対する関係で政治的責任を負う**にとどまり、**個別の国民の権利に対応した関係での法的義務は負っていない**としています（在宅投票事件）。なお、「国会議員の立法行為は」以降は判例の趣旨に概ね合致した記述になっています。

イ ✘ 💡 過大認定が直ちに違法となるわけではではない ③▶

判例は、税務署長のする所得税の更正処分が国家賠償法上違法の評価を受けるのは、**税務署長が職務上通常尽くすべき注意義務を尽くすことなく漫然と更正したと認め得るような事情がある場合に限られる**としています（奈良県税務署事件）。

ウ 〇 ③▶

判例と同趣旨で正しい記述です（宅建業法事件）。

エ 〇 ③▶

判例と同趣旨で正しい記述です（岡山税務署健康診断事件）。

オ ✘ 目的のみではなく、方法が相当かの判断も必要 ③▶

判例は、追跡行為が違法となるのは、**追跡が職務の目的に照らして不必要または方法が不相当な場合**としています（パトカー追跡事件）。したがって、その目的だけでなく、方法が相当か否かも検討して判断する必要があります。

問題 77　　国家賠償法に関する**ア～オ**の記述のうち、判例に照らし、妥当なもののみを全て挙げているのはどれか。　　　　　　　　　国家専門職2013

ア　国家賠償法第１条第１項にいう「公権力の行使」とは、国家統治権の優越的な意思の発動たる作用を指すため、非権力的行為である行政指導や公立学校における教師の教育活動は「公権力の行使」に当たらない。

イ　国又は公共団体以外の者の被用者が第三者に損害を加えた場合であっても、当該被用者の行為が国又は公共団体の公権力の行使に当たるものとして、国又は公共団体が、被害者に対して国家賠償法第１条第１項に基づく損害賠償責任を負うときには、被用者個人が民法第709条に基づく損害賠償責任を負わないのみならず、その使用者も同法第715条に基づく損害賠償責任を負わない。

ウ　国又は公共団体の公務員らによる一連の職務上の行為の過程において他人に被害を生ぜしめた場合において、その一連の行為のうちいずれかに行為者の故意又は過失による違法行為があったのでなければ当該被害が生ずることはなかったであろうと認められるときは、その一連の行為の一部に国又は公共団体の公務員の職務上の行為に該当しない行為が含まれる場合であっても、国又は公共団体は、加害行為の不特定を理由に国家賠償法上の損害賠償責任を免れることはできない。

エ　税務署員のする所得税の更正は、所得金額を過大に認定していたとしても、そのことから直ちに国家賠償法第１条第１項にいう違法があったとの評価を受けるものではなく、税務署長が資料を収集し、これに基づき課税要件事実を認定、判断する上において、職務上通常尽くすべき注意義務を尽くすことなく漫然と更正をしたと認め得るような事情がある場合に限り、同項にいう違法があったとの評価を受ける。

オ　国家賠償法第１条第１項は、公権力の行使によって私人の身体・財産に作為的に危害が加えられる場合にのみ適用され、いわゆる規制権限の不行使については、その権限を定めた法令の趣旨・目的等に照らし、その不行使が著しく合理性を欠くと認められる場合であっても、同項は適用されない。

1 ア、エ　　2 ア、オ　　3 イ、ウ　　4 イ、エ　　5 ウ、オ

正解 **4**

　イは民法を学習していない人にとっては理解が難しい内容です。**ア、ウ、オ**を**✗**と判断できるようにして、消去法で正解に至れるようにしておきましょう。

ア ✗　行政指導や公立学校における教師の教育活動も「公権力の行使」 ➌

　国家賠償法１条１項にいう「公権力の行使」とは、「国家統治権の優越的な意思の発動たる作用」に限定されるものではなく、**純然たる私経済活動（および医療行為）と公の営造物（公物）の設置管理作用を除く国家活動全般を含み ます**。したがって、行政指導や公立学校における教師の教育活動も含まれます。

イ ○ ➌

　判例と同趣旨で正しい記述です（積善会児童養護施設事件）。

ウ ✗　職務上の行為に該当しない行為が含まれる場合は特定が必要 ➌

　判例は、加害行為（加害公務員）が不特定でも国家賠償責任が肯定されるのは、**一連の行為のいずれもが国または同一の公共団体の公務員の職務上の行為 に当たる場合**に限られるとしています（岡山税務署健康診断事件）。したがって、一部にこれに該当しない行為が含まれている場合には、加害行為（加害公務員）の特定がされなければ、国家賠償責任は成立しません。

エ ○ ➌

　判例と同趣旨で正しい記述です（奈良県税務署事件）。

オ ✗　不行使が著しく合理性を欠くと認められる場合は適用される ➌

　規制権限の不行使が**著しく合理性を欠く場合、国家賠償法上違法となる**と判断されています（クロロキン訴訟等）。

問題78 国家賠償法に関する**A**〜**D**の記述のうち、最高裁判所の判例に照らして、妥当なものを選んだ組合せはどれか。 特別区Ⅰ類2020

A 町立中学校の生徒が課外のクラブ活動中の生徒とした喧嘩により左眼を失明した事故について、課外のクラブ活動が本来生徒の自主性を尊重すべきものであることに鑑みれば、何らかの事故の発生する危険性を具体的に予見することが可能であるような特段の事情のある場合は格別、そうでない限り、顧問の教諭としては、個々の活動に常時立会い、監視指導すべき義務までを負うものではないとした。

B 公立図書館の職員である公務員が、閲覧に供されている図書の廃棄について、著作者又は著作物に対する独断的な評価や個人的な好みによって不公正な取扱いをしたとしても、当該図書の著作者は、自らの著作物が図書館に収蔵され閲覧に供されることにつき、何ら法的な権利利益を有するものではないから、本件廃棄について国家賠償法上違法となるということはできないとした。

C 在留資格を有しない外国人に対する国民健康保険の適用について、ある事項に関する法律解釈につき異なる見解が対立し、実務上の取扱いも分かれていて、そのいずれについても相当の根拠が認められる場合に、公務員がその一方の見解を正当と解し、これに立脚して公務を遂行したときは、後にその執行が違法と判断されたからといって、直ちに上記公務員に過失があったものとすることは相当ではないとした。

D 都道府県による児童福祉法の措置に基づき社会福祉法人の設置運営する児童養護施設において、国又は公共団体以外の者の被用者が第三者に損害を加えた場合、当該被用者の行為が公権力の行使に当たるとして国又は公共団体が国家賠償法に基づく損害賠償責任を負うときは、被用者個人は民法に基づく損害賠償責任を負わないが、使用者は民法に基づく損害賠償責任を負うとした。

1 A B **2** A C **3** A D **4** B C **5** B D

記述が４つしかないため絞り込みやすく、正解するのは難しくない問題です。

A ○　3

判例と同趣旨で正しい記述です（町立中学校部活動傷害事件）。

B ✕　著作者は法的保護に値する人格的利益を有する　3

　判例は、公立図書館で閲覧に供されている著作物の著作者が、著作物によってその思想、意見等を公衆に伝達する利益は、**法的保護に値する人格的利益であること**を認めています。さらに、同判例は、本記述のような図書館職員の行為は、著作者の人格的利益を侵害するものとして**国家賠償法上違法となる**としています（船橋市図書館事件）。

C ○　3

判例と同趣旨で正しい記述です（不法滞在外国人国民健康保険事件）。

D ✕　使用者は民法に基づく損害賠償責任を負わない　3

　判例は、国または公共団体が国家賠償責任を負う場合、被用者個人が民法709条に基づく損害賠償責任を負わないのみならず、**使用者も民法715条に基づく損害賠償責任（使用者責任）を負わない**としています（積善会児童養護施設事件）。

> ひとこと
> 国や地方公共団体に国家賠償責任が生じる場合に、委託を受けた団体やその従事者の側に民法の損害賠償責任が生じることはないと理解しておきましょう。

国家賠償法1条責任

第3章第1節

問題 79 　国家賠償法に規定する公務員の公権力の行使に係る損害賠償責任に関する記述として、最高裁判所の判例に照らして、妥当なのはどれか。

特別区Ⅰ類2012

1 　国又は公共団体が損害賠償の責を負うのは、公務員が主観的に権限行使の意思をもってした職務執行につき、違法に他人に損害を加えた場合に限られ、公務員が自己の利を図る意図で、客観的に職務執行の外形を備える行為をし、これにより違法に他人に損害を加えた場合には、損害賠償の責を負うことはない。

2 　加害行為及び加害行為者の特定は、損害賠償責任発生の根幹となるので、公務員による一連の職務上の行為の過程において他人に被害を生ぜしめた場合に、それが具体的にどの公務員のどのような違法行為によるものであるかを特定できないときは、国又は公共団体は、損害賠償の責を負うことはない。

3 　行政処分が違法であることを理由として国家賠償の請求をするについては、まず係争処分が取消されることを要するため、あらかじめ当該行政処分につき取消又は無効確認の判決を得なければならない。

4 　国家賠償法にいう公権力の行使とは、国家統治権の優越的意思の発動たる行政作用に限定され、公立学校における教師の教育活動は、当該行政作用に当たらないので、国家賠償法にいう公権力の行使には含まれない。

5 　裁判官がした争訟の裁判につき国の損害賠償責任が肯定されるためには、その裁判に上訴等の訴訟法上の救済方法によって是正されるべき瑕疵が存在するだけでは足りず、当該裁判官がその付与された権限の趣旨に明らかに背いてこれを行使したものと認めうるような特別の事情があることを必要とする。

　各記述ともしっかりマスターしておきたい重要知識になっています。確実に正解できるようにしておきましょう。

1　✕　職務執行の外形があれば国家賠償の対象　③

　公務員が主観的には権限行使の意思を持っておらず、自己の利を図る意図で行為した場合でも、**客観的に職務執行の外形を備える行為をした場合には、その所属する国または公共団体は国家賠償責任を負います**（非番警察官強盗殺人事件）。

2　✕　特定できなくても責任を負う場合あり　③

　公務員による一連の職務上の行為の過程において他人に被害を生ぜしめた場合に、**どの公務員のどの行為によって生じたものかが特定できなくても、国または公共団体は損害賠償の責任を負うことがあります**（岡山税務署健康診断事件）。

3　✕　取消しや無効確認の判決がなくても国家賠償請求可　①

　行政処分が違法であることを理由とする国家賠償請求訴訟においては、**当該処分に公定力は生じていない**ものとして扱われます。したがって、係争処分が取り消されることを要せず、あらかじめ当該行政処分につき**取消しまたは無効確認の判決を得る必要はありません**（判例）。

4　✕　非権力的行為も「公権力の行使」　③

　公権力の行使とは国家統治権の優越的意思の発動たる行政作用に限定されるものではなく、**公立学校における教師の教育活動も「公権力の行使」に含まれます**。

5　○　③

　判例と同趣旨で正しい記述です（大阪民事判決国家賠償事件）。

問題80 国家賠償法第1条に関する**ア～エ**の記述のうち、判例に照らし、妥当なもののみを全て挙げているのはどれか。　国家一般職2018

ア ある事項に関する法律解釈につき異なる見解が対立し、実務上の取扱いも分かれていて、そのいずれについても相当の根拠が認められる場合に、公務員がその一方の見解を正当と解してこれに立脚して公務を執行したときは、後にその執行が違法と判断されたからといって、直ちに当該公務員に国家賠償法第1条第1項にいう過失があったものとすることは相当でない。

イ 警察官のパトカーによる追跡を受けて車両で逃走する者が惹起した事故により第三者が損害を被った場合において、当該追跡行為が国家賠償法第1条第1項の適用上違法であるというためには、追跡が現行犯逮捕、職務質問等の職務の目的を遂行する上で不必要であるか、又は逃走車両の走行の態様及び道路交通状況等から予測される被害発生の具体的危険性の有無・内容に照らして追跡の開始、継続若しくは方法が不相当であることを要する。

ウ 保健所に対する国の嘱託に基づいて公共団体の職員である保健所勤務の医師が国家公務員の定期健康診断の一環としての検診を行った場合、当該医師の行った検診行為は国の公権力の行使に当たる公務員の職務上の行為と解すべきであり、当該医師の行った検診に過誤があったため受診者が損害を受けたときは、国は国家賠償法第1条第1項の規定による損害賠償責任を負う。

エ 国又は公共団体以外の者の被用者が第三者に損害を加えた場合において、当該被用者の行為が国又は公共団体の公権力の行使に当たるとして国又は公共団体が被害者に対して国家賠償法第1条第1項に基づく損害賠償責任を負うときであっても、同項は組織法上の公務員ではないが国家賠償法上の公務員に該当する者の使用者の不法行為責任まで排除する趣旨ではないから、使用者は民法第715条に基づく損害賠償責任を負う。

1　ア、イ　　　　　2　ア、ウ　　　　　3　イ、エ

4　ア、イ、エ　　　5　イ、ウ、エ

　ウ、**エ**を**✗**と判定できるようにしておきましょう。それにより正解は**1**と絞れます。**ウ**は通常の医療行為と捉えましょう。

ア　○

　判例と同趣旨で正しい記述です（不法滞在外国人国民健康保険事件）。

イ　○

　判例と同趣旨で正しい記述です（パトカー追跡事件）。

ウ　✗　国から嘱託を受けた医師の検診は通常の医療行為

　判例は、地方公共団体の職員である保健所勤務の医師が、国からの嘱託に基づき、国家公務員に対して定期健康診断の一環として検診を行った場合、その行為は**通常の医療行為であり、「公権力の行使」に当たらない**と判断しています（岡山税務署健康診断事件）。

> つまり、国や公共団体は国家賠償法1条による損害賠償責任を負うのではなく、民法によって責任を負うか否かが判断されることになると考えられます。

エ　✗　使用者は民法に基づく損害賠償責任を負わない

　判例は、国または公共団体が国家賠償責任を負う場合、**公権力の行使に当たる行為を行った被用者の使用者は、民法715条に基づく損害賠償責任を負わない**としています（積善会児童養護施設事件）。

> なお、被用者個人も民法709条に基づく損害賠償責任は負いません。

国家賠償法1条責任

問題81 国家賠償に関する**ア**〜**オ**の記述のうち、判例に照らし、妥当なもののみを全て挙げているのはどれか。

国家一般職2017

ア 国家賠償法第1条第1項にいう「公権力の行使」について、公立学校は国又は公共団体に該当せず、公立学校における教師の教育活動は公権力の行使には含まれないため、市立中学校において体育の授業中に教師の注意義務違反により生じた事故は、国家賠償の対象とはならない。

イ 裁判官がした争訟の裁判について、国家賠償法第1条第1項の規定にいう違法な行為があったものとして国の損害賠償責任が肯定されるためには、上訴等の訴訟法上の救済方法によって是正されるべき瑕疵が存在するだけでなく、当該裁判官が違法又は不当な目的をもって裁判をしたなど、裁判官に付与された権限の趣旨に明らかに背いてこれを行使したと認められるような特別の事情が必要である。

ウ 国会議員は、立法に関し、国民全体に対する政治的責任のみならず、個別の国民の権利に対応した関係での法的義務も負っていることから、立法の内容が憲法の一義的な文言に違反しているにもかかわらず国会があえて当該立法を行ったというような特別の事情がなくても、法律の内容が違憲である場合は当該立法が違法となるため、国会議員の立法行為は原則として国家賠償の対象となる。

エ 税務署長が行った所得税の更正は、所得金額を過大に認定していたとしても、直ちに国家賠償法上違法とはならず、税務署長が資料を収集し、これに基づき課税要件事実を認定・判断する上で、職務上通常尽くすべき注意義務を尽くすことなく漫然と更正をしたと認められるような事情がある場合に限り、違法の評価を受ける。

オ 犯罪の被害者が公訴の提起によって受ける利益は、公訴の提起によって反射的にもたらされる事実上の利益にすぎず、法律上保護された利益ではないから、被害者は、検察官の不起訴処分の違法を理由として、国家賠償法の規定に基づく損害賠償請求をすることはできない。

1 ア、ウ　　　　　**2** ア、オ　　　　　**3** イ、エ

4 イ、ウ、オ　　　　**5** イ、エ、オ

正　解 **5**

　ア、ウは確実に✕と判定できるようにしておきましょう。ただそれだけだと**3**か**5**の**2**択までしか絞れません。正解するためには**オ**の正誤判定が必須であり、難易度の高い問題になっています。

ア ✕　公立学校における教師の教育活動は「公権力の行使」

　公立学校における教師の教育活動は、国家賠償法1条の「公権力の行使」に**含まれます**。したがって、市立中学校の体育教師の注意義務違反により生じた事故は、国家賠償の対象になります。

イ ○

　判例と同趣旨で正しい記述です（大阪民事判決国家賠償事件）。

ウ ✕　個別の国民の権利に対応した法的義務はなし

　判例は、国会議員は立法に関して**国民全体に対する関係で政治的責任を負うにとどまり、個別の国民の権利に対応した関係での法的義務は負っていない**としています。また、**法律の内容が違憲だからといって当該立法が違法となるわけではなく**、立法の内容が憲法の一義的な文言に違反しているにもかかわらず国会があえて当該立法を行ったというような容易に想定し難いような例外的な場合でなければ、国家賠償上違法とはならない、としています（在宅投票事件）。

エ ○

　判例と同趣旨で正しい記述です。（奈良県税務署事件）。

オ ○

　判例と同趣旨で正しい記述です。

問題 82 国家賠償法に規定する公の営造物の設置又は管理の瑕疵に基づく損害賠償責任に関する記述として、判例、通説に照らして、妥当なのはどれか。

特別区Ⅰ類2022

1 公の営造物とは、道路、河川、港湾、水道、下水道、官公庁舎、学校の建物等、公の目的に供されている、動産以外の有体物を意味する。

2 公の営造物の管理の主体は国又は公共団体であり、その管理権は、法律上の根拠があることを要し、事実上管理する場合は含まれない。

3 営造物の設置又は管理の瑕疵とは、営造物が通常有すべき安全性を欠いていることをいい、これに基づく国及び公共団体の損害賠償責任については、その過失の存在を必要としない。

4 営造物の設置又は管理の瑕疵には、供用目的に沿って利用されることとの関連において危害を生ぜしめる危険性がある場合を含むが、その危害は、営造物の利用者に対してのみ認められる。

5 未改修である河川の管理についての瑕疵の有無は、通常予測される災害に対応する安全性を備えていると認められるかどうかを基準として判断しなければならない。

【 正 解 】**3**

　各記述ともに2条責任における基本知識からの出題になっています。いずれの記述もきちんと押さえておく必要がある重要知識です。

1　✕　動産も「公の営造物」に含む ②

　「公の営造物」とは、国または公共団体によって公の目的に供される有体物、つまり公物を指します。道路、河川、学校の建物等の不動産だけでなく、**公用車や警察が所有管理している拳銃等の動産も含まれます**。

2　✕　事実上管理する場合も含まれる ②

　公の営造物は、国または公共団体が管理するものを指しますが、その管理権の根拠は**法律上のものである必要はなく、事実上管理をしている場合も含みます**。

3　○ ②

　国家賠償法2条の「営造物の設置又は管理の瑕疵」とは、営造物が通常有すべき安全性を欠いていることをいいます。そして、これに基づく国および公共団体の損害賠償責任（2条責任）の成立に、国および公共団体側に過失があったか否かは要件になっていませんので、**無過失でも責任を負います**。

4　✕　機能的瑕疵の危害は第三者にも認められる ②

　本記述のような危険性があることを機能的瑕疵と呼び、「営造物の設置又は管理の瑕疵」に含まれます。例えば空港や道路の使われ方によって周辺住民に危害（騒音被害等）が生じるような場合です。この**機能的瑕疵による危害は、営造物（空港や道路等）の利用者に対してのみ認められるものではなく、それ以外の第三者（周辺住民等）に対しても認められます**。

5　✕　💡　過渡的な安全性が基準 ②

　未改修である河川の管理についての瑕疵の有無は、通常予測される災害に対応する安全性を備えていると認められるかどうかを基準として判断されるのではなく、改修整備の過程に対応する**過渡的な安全性を有しているか否か**によって判断されます（大東水害訴訟）。

難易度 A 国家賠償法2条責任

第3章第2節

問題 83 　国家賠償法第2条に関する次の記述のうち、判例に照らし、最も妥当なのはどれか。

国家一般職2023

1 　国家賠償法第2条第1項にいう公の営造物の設置又は管理の瑕疵とは、営造物が通常有すべき安全性を欠いていることをいい、これに基づく国及び公共団体の賠償責任が認められるためには、その過失により安全性を欠いていたことが必要である。

2 　道路管理者は、道路を常時良好な状態に保つように維持し、修繕する義務を負うが、故障車が道路上に長時間放置されていたことにより事故が発生した場合には、放置に起因して発生した損害は専ら放置者の責任であって、道路管理者は、道路を常時巡視して応急の事態に対処し得る看視体制をとらずに何ら道路の安全性を保持する措置をとっていなかったとしても、責任を負わない。

3 　未改修河川又は改修の不十分な河川の安全性としては、河川の管理に内在する諸制約の下で一般に施行されてきた治水事業による河川の改修、整備の過程に対応する過渡的な安全性をもって足り、河川管理についての瑕疵の有無は、諸制約の下での同種・同規模の河川の管理の一般水準及び社会通念に照らして是認し得る安全性を備えているかどうかを基準として判断すべきである。

4 　点字ブロック等のように、新たに開発された視力障害者用の安全設備を旧国鉄の駅のホームに設置しなかったことをもって当該駅のホームが通常有すべき安全性を欠くか否かを判断するに当たっては、全国的ないし当該地域における道路及び駅のホーム等でのその安全設備の普及の程度等の事情にかかわらず、その安全設備自体の有効性・重要性を基に判断しなければならない。

5 　町立中学校の校庭開放中に、幼児が、テニスの審判台に昇った後、本来の用法に反して審判台の後部から降りようとしたために審判台が倒れ、その下敷きとなって死亡した場合、当該審判台が本来の用法に従う限り危険はなかったとしても、幼児が異常な行動に出て死傷事故が発生する可能性があることは通常予測し得るところであるから、当該審判台の設置管理者は国家賠償法第2条第1項所定の損害賠償責任を負う。

　河川管理の瑕疵については、未改修河川か改修済み河川かで分けて考える必要があります。**3**は未改修河川に関する記述です。ストレートに○と判定できるようにしておきたい記述です。

1　✕　無過失でも２条責任を負う

　「営造物の設置又は管理の瑕疵」とは、営造物が通常有すべき安全性を欠いていることをいいます。**安全性に欠けた点が客観的に存在していれば、無過失でも責任を負う**ことになります（高知落石事件）。

2　✕　　道路管理者が責任を負うことがある

　判例は、故障車が道路上に**長時間（87時間）放置**され、道路管理者が何ら道路の安全性を保持する措置を執っていなかった場合には、**国家賠償法２条の責任を負う**としています（事故車両87時間放置事件）。

3　○

　判例は、**未改修河川または改修の不十分な河川**の安全性について、改修、整備の過程に対応する**過渡的な安全性で足りる**としています（大東水害訴訟）。

4　✕　Skip▶　普及の程度等の事情も考慮

　判例は、点字ブロック等のような新たに開発された安全設備については、安全性の有無を検討する際、その普及の程度等の事情も考慮して判断するとしています（点字ブロック事件）。

5　✕　異常な用法による被害の責任は負わず

　判例は、本来の用法に従う限り危険はなかったにもかかわらず、**被害者が異常な行動に出た結果、事故が発生した場合**、審判台の設置管理者は**国家賠償法２条の損害賠償責任を負わない**としています（テニスコート審判台事件）。

国家賠償法2条責任

難易度 **A**

第3章第2節

問題 84 国家賠償法に規定する公の営造物の設置又は管理の瑕疵に基づく損害賠償責任に関するA〜Dの記述のうち、最高裁判所の判例に照らして、妥当なものを選んだ組合せはどれか。

特別区Ⅰ類2013

A 道路の安全性を著しく欠如する状態で、道路上に故障車が約87時間放置されていたのに、道路管理者がこれを知らず、道路の安全保持のために必要な措置を全く講じていなかったというような状況のもとにおいても、道路交通法上、道路における危険を防止するために、違法駐車に対して規制を行うのは警察官であるから、当該道路管理者は損害賠償責任を負わない。

B 国家賠償法にいう公の営造物の管理者は、必ずしも当該営造物について法律上の管理権ないしは所有権、賃借権等の権原を有している者に限られるものではなく、事実上の管理をしているにすぎない国又は公共団体も同法にいう公の営造物の管理者に含まれる。

C 未改修である河川の管理についての瑕疵の有無は、河川管理における財政的、技術的及び社会的諸制約の下でも、過渡的な安全性をもって足りるものではなく、通常予測される災害に対応する安全性を備えていると認められるかどうかを基準として判断すべきである。

D 幼児が、公立中学校の校庭内のテニスコートの審判台に昇り、その後部から降りようとしたために転倒した審判台の下敷きになって死亡した場合において、当該審判台には、本来の用法に従って使用する限り、転倒の危険がなく、当該幼児の行動が当該審判台の設置管理者の通常予測し得ない異常なものであったという事実関係の下では、設置管理者は損害賠償責任を負わない。

1 A B
2 A C
3 A D
4 B C
5 B D

A、Cは重要判例からの出題であり、✕と判定するのは比較的容易です。基本的なレベルの出題です。

A ✕　道路管理者が責任を負うことがある　②

判例は、本記述のような状況のもとでは、道路交通法上、違法駐車に対して規制を行うのが警察官であることを理由に道路管理者が賠償責任を免れることはできず、**道路管理者は損害賠償責任を負う**としています（事故車両87時間放置事件）。

B ○　②

国家賠償法にいう公の営造物の管理者には、**事実上の管理をしているに過ぎない国または公共団体も含まれます**。

C ✕　過渡的な安全性で足りる　②

判例は、**未改修河川**についての瑕疵の有無は、財政的、技術的、社会的諸制約を前提とする**過渡的な安全性で足りる**としています（大東水害訴訟）。

D ○　②

判例は、被害者である幼児の行動が**通常予測し得ない異常なものであった**という場合は、設置管理者は**損害賠償責任を負わない**としています（テニスコート審判台事件）。

問題85　　国家賠償法に規定する公の営造物の設置又は管理の瑕疵に基づく損害賠償責任に関する**A〜D**の記述のうち、最高裁判所の判例に照らして、妥当なものを選んだ組合せはどれか。

特別区Ⅰ類2018

A　道路管理者は、道路を常時良好な状態に保つように維持し、修繕し、もって一般交通に支障を及ぼさないように努める義務を負うため、故障した大型貨物自動車が87時間にわたって放置され、道路の安全性を著しく欠如する状態であったにもかかわらず、道路の安全性を保持するために必要とされる措置を全く講じていなかった場合には、道路管理に瑕疵があり、当該道路管理者は損害賠償責任を負うとした。

B　工事実施基本計画が策定され、当該計画に準拠して改修、整備がされた河川は、当時の防災技術の水準に照らして通常予測し、かつ、回避し得る水害を未然に防止するに足りる安全性を備えるだけでは不十分であり、水害が発生した場合において、当該河川の改修、整備がされた段階において想定された規模の洪水から当該水害の発生の危険を通常予測することができなかった場合にも、河川管理者は損害賠償責任を負うとした。

C　校庭内の設備等の設置管理者は、公立学校の校庭開放において、テニスコートの審判台が本来の用法に従って安全であるべきことについて責任を負うのは当然として、幼児を含む一般市民の校庭内における安全につき全面的な責任を負うため、通常予測し得ない行動の結果生じた事故についても、当該設置管理者は損害賠償責任を負うとした。

D　国家賠償法の営造物の設置又は管理の瑕疵とは、営造物が通常有すべき安全性を欠いている状態であるが、営造物が供用目的に沿って利用されることとの関連において危害を生ぜしめる危険性がある場合も含み、その危害は、営造物の利用者に対してのみならず、利用者以外の第三者に対するそれも含むため、国際空港に離着陸する航空機の騒音等による周辺住民の被害の発生は、当該空港の設置、管理の瑕疵の概念に含まれ、当該空港の設置管理者は損害賠償責任を負うとした。

1 Ａ Ｂ　2 Ａ Ｃ　3 Ａ Ｄ　4 Ｂ Ｃ　5 Ｂ Ｄ

| 正 解 | 3

　各記述が長く◯と確実に判定するのは難しいので、間違っている部分を見つける意識で文章を読んでいきましょう。Ｂの「不十分」、「責任を負う」、Ｃの「通常予測し得ない行動の結果生じた事故についても」等の表現に注意を払う必要があります。

Ａ ◯

　判例と同趣旨で正しい記述です（事故車両87時間放置事件）。

Ｂ ✕　「計画策定時」、「改修整備時」に想定された安全性で足りる

　判例は、工事実施基本計画が策定され、当該計画に準拠して改修、整備がされた河川は、**当時の防災技術の水準に照らして**通常予測し、かつ、回避し得る水害を未然に防止するに足りる安全性を備えていることでよいとしているので、「不十分」ではありません。また、同判例は、当該河川の改修、整備がされた段階において想定された規模の洪水から当該水害の発生の危険を通常予測することができなかった場合にも、**河川管理者は損害賠償責任を負わない**としています（多摩川水害訴訟）。

Ｃ ✕　異常な用法による被害の責任は負わず

　判例は、被害者である幼児の行動が**通常予測し得ない異常なものであったという場合**は、設置管理者は**損害賠償責任を負わない**としています（テニスコート審判台事件）。

Ｄ ◯

　判例と同趣旨で正しい記述です（大阪空港訴訟）。

国家賠償法

難易度 A

第3章第2節

問題 86 国家賠償に関する**ア〜オ**の記述のうち、妥当なもののみを全て挙げているのはどれか。ただし、争いのあるものは判例の見解による。

国家専門職2016

ア 非権力的な行政活動については、民法の規定により賠償が可能であることから、国家賠償法第1条第1項にいう「公権力の行使」とは、権力的な行政活動のみを指し、公立学校における教師の教育活動等は含まれない。

イ 国又は公共団体の公務員による一連の職務上の行為の過程において、他人に被害を生じさせたが、それが具体的にどの公務員のどのような違法行為によるものであるかを特定することができない場合、国又は公共団体は加害行為の不特定を理由に損害賠償責任を免れることができないが、このことは、当該一連の行為の中に国又は同一の公共団体の公務員の職務上の行為に該当しない行為が含まれている場合も同様である。

ウ 国家賠償法第2条にいう「公の営造物の設置又は管理」とは、国等が法令所定の権限に基づき設置・管理を行うことをいい、国等が、法令に基づかず事実上管理を行っていたにすぎない場合には、同条の責任を負うことはない。

エ 河川による水害の損害賠償請求における河川管理の瑕疵の有無については、道路の管理等の場合とは異なり、過去に発生した水害の規模、発生の頻度、改修を要する緊急性の有無等諸般の事情を総合的に考慮し、河川管理の特質に由来する財政的、技術的及び社会的諸制約の下での同種・同規模の河川の管理の一般水準及び社会通念に照らして、是認し得る安全性を備えていると認められるかどうかを基準として判断すべきである。

オ 公の営造物の設置・管理の瑕疵により、国又は公共団体が損害賠償責任を負う場合において、営造物の設置・管理者と費用負担者とが異なるときは、被害者は、設置・管理者と費用負担者のいずれに対しても、賠償請求をすることができる。

1 ア、イ   2 ア、ウ   3 エ、オ
4 イ、エ、オ   5 ウ、エ、オ

エを◯と自信を持って判定することは少し難しいですが、**イ、ウを✗**と判断できれば正解できますので、正解するのが難しい問題ではありません。

ア ✗ 非権力的行為も「公権力の行使」 第1節 **3**

「公権力の行使」とは、権力的な行政活動のみを指すわけではありません。**非権力的な行政活動である公立学校における教師の教育活動も含まれます。**

イ ✗ 該当しない行為を含む場合は特定が必要 第1節 **3**

判例は、加害行為（加害公務員）が不特定でも国家賠償責任が肯定されるのは、一連の行為のいずれもが国または同一の公共団体の公務員の職務上の行為に当たる場合に限られるとしています（岡山税務署健康診断事件）。したがって、**一部にこれに該当しない行為が含まれている場合には、加害行為（加害公務員）の特定がされなければ、国家賠償責任は成立しません。**

ウ ✗ 事実上管理する場合も含まれる **2**

国家賠償法2条にいう「公の営造物の設置又は管理」とは、国等が法令所定の権限に基づき設置・管理を行う場合だけを指すのではなく、**事実上の管理をしているに過ぎない場合も含まれます。**

エ ◯ **2**

判例と同趣旨で正しい記述です（大東水害訴訟）。

この判例は未改修河川についての判例ですが、この判旨部分は、改修済河川を含めた**河川管理の瑕疵全般に妥当する判断部分**となっています。

オ ◯ **3**

公の営造物の設置・管理の瑕疵によって被害を受けた者は、**設置・管理者と費用負担者のいずれに対しても賠償請求をすることができます**（国家賠償法3条1項）。

国家賠償法

第3章第2節

問題87 国家賠償に関する**ア〜オ**の記述のうち、妥当なもののみを全て挙げているのはどれか。ただし、争いのあるものは判例の見解による。

国家専門職2015

ア 外国人が被害者である場合には、国家賠償法第1条では、相互の保証があるときに限り、国又は公共団体が損害賠償責任を負うが、同法第2条の責任については、相互の保証がないときであっても、被害者である外国人に対する国家賠償責任が生ずる。

イ 国又は公共団体の不作為は、国家賠償法第1条の「公権力の行使」とはいえないが、権限の不行使が著しく不合理と認められる場合は、民法上の不法行為責任を免れるものではない。

ウ 国家賠償法第1条第1項にいう公務員は、公務員法制（国家公務員法・地方公務員法等）によってその法的身分が定められている身分上の公務員に限定されず、公権力の行使を委ねられている者を含むと解釈されており、民間人が公務を委託されているような場合にも、国家賠償法の適用があり得る。

エ 国家賠償法第2条の「公の営造物」には、不動産だけでなく動産も含まれ、同条に基づく賠償請求権の成立については故意・過失の存在は必要とされないが、不可抗力又は回避可能性のない場合は免責される。

オ 国道が通常有すべき安全性を欠いていたとしても、安全性を確保するための費用の額が相当の多額にのぼり、予算措置が困難である場合は、国又は公共団体が当該道路の管理の瑕疵によって生じた損害の賠償責任を負うことはない。

1 **ア、イ**
2 **ア、オ**
3 **イ、エ**
4 **ウ、エ**
5 **ウ、オ**

正解 **4**

イ、オを**✗**と確定できれば正解できる問題なので、基本問題といえます。各記述とも基本的知識なので、全記述をきちんと正誤判定できるようにしておく必要があります。

ア ✗ 相互保証主義は2条責任にも適用 ③

相互保証主義を定める国家賠償法6条は、**1条責任と2条責任の双方に適用**されます。

イ ✗ 不作為も「公権力の行使」 第1節 ③

国または公共団体の**不作為も国家賠償法1条の「公権力の行使」に当たります**。したがって、権限の不行使が著しく不合理と認められ国家賠償法上違法となれば、民法ではなく国家賠償法に基づく賠償責任が生じます。

ウ 〇 第1節 ③

判例・通説に照らして正しい記述です。公権力の行使を委ねられた民間人の行為が国家賠償法1条の適用対象になった例として、第1節で学習した判例（積善会児童養護施設事件）があります。

エ 〇 ②

判例・通説に照らして正しい記述です。不可抗力であることまたは回避可能性のないことから免責された例があります（奈良赤色灯事件）。

オ ✗ **道路管理は財政的理由で免責されず** ②

道路の場合、安全性を確保するための費用の額が相当の多額にのぼり、**予算措置が困難であったとしても、道路管理者たる国または公共団体は免責されません**（高知落石事件）。

問題 88　　国家賠償法に関する次の記述のうち、妥当なのはどれか。

国家一般職2022

1　国家賠償法第1条が適用されるのは、公務員が主観的に権限行使の意思を
もって行った職務執行につき違法に他人に損害を加えた場合に限られるもの
であり、客観的に職務執行の外形を備える行為であっても、公務員が自己の
利を図る意図をもって行った場合は、国又は公共団体は損害賠償の責任を負
わないとするのが判例である。

2　公権力の行使に当たる公務員の職務行為に基づく損害については、国又は
公共団体が賠償の責任を負い、職務の執行に当たった公務員は、故意又は重
過失のあるときに限り、個人として、被害者に対し直接その責任を負うとす
るのが判例である。

3　保健所に対する国の嘱託に基づき、県の職員である保健所勤務の医師が国
家公務員の定期健康診断の一環としての検診を行った場合、当該医師の行っ
た検診及びその結果の報告は、原則として国の公権力の行使に当たる公務員
の職務上の行為と解すべきであり、当該医師の行った検診に過誤があったた
め受診者が損害を受けたときは、国は国家賠償法第1条第1項の規定による
損害賠償責任を負うとするのが判例である。

4　国家賠償法第2条第1項にいう営造物の設置又は管理の瑕疵とは、営造物
が有すべき安全性を欠いている状態をいうが、そこにいう安全性の欠如とは、
当該営造物を構成する物的施設自体に存する物理的、外形的な欠陥ないし不
備によって一般的に危害を生ぜしめる危険性がある場合のみならず、当該営
造物が供用目的に沿って利用されることとの関連において危害を生ぜしめる危
険性がある場合をも含み、また、その危害は、当該営造物の利用者に対して
のみならず、利用者以外の第三者に対するそれをも含むとするのが判例である。

5　外国人が被害者である場合には、国家賠償法第1条については、相互の保
証があるときに限り、国又は公共団体が損害の賠償責任を負うが、同法第2
条については、相互の保証がないときであっても、国又は公共団体が損害の
賠償責任を負う。

正解の**4**は、記述が長いので自信を持って**〇**と判断するのは難しいです。他の記述を✕と判定し消去法で解答するべき問題といえます。

1 ✕ 職務執行の外形があれば国家賠償の対象 第1節 3

国家賠償法1条の「職務を行うについて」は、主観的には自己の利を図る意図で行為をしていた場合であっても、それが**客観的に見て職務執行の外形を備えているときには含まれます**。したがって、その場合、国または公共団体は損害賠償の責任を負います（非番警察官強盗殺人事件）。

2 ✕ 💡 公務員個人は被害者に対し直接責任を負わず 第1節 2

たとえ加害公務員に故意または重大な過失があったとしても、加害公務員は、**個人として被害者に対し直接責任を負うことはありません**。

> ただし、加害公務員に故意または重大な過失があった場合、被害者に賠償をした国または公共団体は、加害公務員に対し、求償をすることができます（国家賠償法1条2項）。

3 ✕ 国から嘱託を受けた医師の検診は通常の医療行為 第1節 3

国からの嘱託を受けて保健所勤務の医師が行った定期検診における診断行為は、**通常の医療行為に過ぎず、国の「公権力の行使」に当たる公務員の職務上の行為には該当しません**（岡山税務署健康診断事件）。したがって、国家賠償法1条の責任は負いません。

> 民法上の責任（使用者責任）を負うことになると考えられます。

4 〇

判例と同趣旨で正しい記述です（大阪空港訴訟）。

5 ✕ 相互保証主義は2条責任にも適用

相互保証主義（国家賠償法6条）は**2条責任にも適用されます**。

国家賠償法　　　　　　　　　　　第3章第2節

問題 89　　国家賠償に関する**ア～エ**の記述のうち、判例に照らし、妥当なものみを全て挙げているのはどれか。　　　　　　　　　　　　国家専門職2020

ア　公権力の行使に当たる公務員の職務行為に基づく損害については、国又は公共団体が賠償責任を負うが、当該職務を執行した公務員に過失があった場合には、当該公務員も行政機関としての地位において賠償責任を負う。

イ　国又は公共団体の公務員による一連の職務上の行為の過程で他人に被害を生ぜしめた場合において、それが具体的にどの公務員のどのような違法行為によるものであるかを特定することができないときは、加害行為を特定することができない以上、国又は公共団体が国家賠償法第1条第1項の責任を負うことはない。

ウ　国家賠償法第2条第1項の国及び公共団体の賠償責任は無過失責任であるため、営造物の通常の用法に即しない行動の結果事故が生じた場合、その営造物として本来備えるべき安全性に欠けるところがなく、その行動が営造物の設置管理者において通常予測することのできないものであっても、同項に基づく賠償責任が生じる。

エ　国家賠償法第3条第1項の定める営造物の設置費用の負担者には、当該営造物の設置費用につき法律上負担義務を負う者のほか、この者と同等又はこれに近い設置費用を負担し、実質的にはこの者と当該営造物による事業を共同して執行していると認められる者であって、当該営造物の瑕疵による危険を効果的に防止し得る者も含まれる。

1　ア
2　エ
3　ア、イ
4　イ、ウ
5　ウ、エ

　ア、イ、ウを✖と判断することで消去法で正解を **2** とするのは十分可能です。基本的なレベルの出題です。

ア ✖ 公務員個人は被害者に対し直接責任を負わず 　第1節 ②

　国または公共団体が国家賠償法上の責任を負う場合、**加害公務員が被害者に対して賠償責任を負うことはありません**。

> 「行政機関としての地位において」というフレーズに惑わされないようにしましょう。

イ ✖ 特定できなくても責任を負う場合あり 　第1節 ③

　判例は、一連の行為を組成する**各行為のいずれもが国または同一の公共団体の公務員の職務上の行為に当たる場合には、加害行為（加害行為者）の特定は不要**としています（岡山税務署健康診断事件）。したがって、「公務員による一連の職務上の行為の過程で」とある本記述の場合、それが同一の行政主体に属する公務員の行為であれば加害行為の特定は不要となります。

ウ ✖ 異常な用法による被害の責任は負わず

　確かに、国家賠償法2条1項の国および公共団体の賠償責任は無過失責任とされています。しかし、判例は、本来の用法に従う限り危険はなかったにもかかわらず、**被害者が異常な行動に出た結果、事故が発生した場合**、設置管理者は国家賠償法2条の**損害賠償責任を負わない**としています（テニスコート審判台事件等）。

エ ◯

　国家賠償法3条1項の営造物の設置費用の負担者には、当該営造物の設置費用につき法律上負担義務を負う者だけでなく、❶**法律上の負担義務者と同等またはそれに近い費用負担をする**とともに、❷**実質的に事業の共同執行者と認められ、危険を効果的に防止し得る者**も含まれるとするのが判例です。

国家賠償法

難易度 A

問題 90 国家賠償法に関する**ア～オ**の記述のうち、判例に照らし、妥当なもののみを全て挙げているのはどれか。 国家専門職2014

ア 公権力の行使に当たる公務員の職務行為による損害につき、国が国家賠償法第1条第1項に基づく損害賠償責任を負う場合において、被害者が違法行為を行った公務員個人に対して直接損害の賠償を請求することは、当該公務員に故意又は重過失があるときに認められる。

イ 知事が宅地建物取引業者に対して宅地建物取引業法所定の免許の付与ないし更新をしたところ、当該業者が不正な行為を行ったことにより個々の取引関係者が損害を被った場合、当該免許の付与ないし更新が同法所定の免許基準に適合しないときであっても、当該免許の付与ないし更新それ自体は、当該業者との個々の取引関係者に対する関係において直ちに国家賠償法第1条第1項にいう違法な行為に当たるものではない。

ウ 裁判官がした争訟の裁判については、その裁判内容に上訴等の訴訟法上の救済方法によって是正されるべき瑕疵が存在したとしても、上訴等の訴訟法上の救済方法が存在するため、当該裁判官の主観のいかんを問わず、国家賠償法第1条第1項が適用されることはない。

エ 国家賠償法第2条第1項にいう営造物の設置又は管理の瑕疵とは、営造物が有すべき安全性を欠いている状態をいうが、そこにいう安全性の欠如とは、当該営造物が供用目的に沿って利用されることとの関連において危害を生ぜしめる危険性がある場合をも含み、また、その危害は、当該営造物の利用者に対してのみならず、利用者以外の第三者に対するそれをも含む。

オ 国家賠償法第3条第1項所定の設置費用の負担者とは、公の営造物の設置費用につき法律上負担義務を負う者のみを意味するため、公の営造物の設置者である地方公共団体に対して営造物の設置費用に充てるための補助金を交付したにすぎない国は、同項に基づく公の営造物の設置費用の負担者としての損害賠償責任を負わない。

1 ア、イ **2** ア、エ **3** イ、ウ **4** イ、エ **5** ウ、オ

ア、ウは第1節で学習したものですが、この2つの記述が✕と判定できれば正解できる問題です。ともに基本的知識を問うているので確実に正解できるようにしておきましょう。

ア ✕ 公務員個人は被害者に対し直接責任を負わず　第1節 **2**

たとえ加害公務員に故意または重大な過失があったとしても、**加害公務員が個人として、被害者に対し直接その責任を負うことはありません。**

> ただし、その場合、加害公務員は国から求償を求められます。

イ ○　第1節 **3**

判例と同趣旨で正しい記述です（宅建業法事件）。

ウ ✕ 主観によっては賠償責任が認められる　第1節 **3**

判例は、**裁判官が違法または不当な目的をもって裁判をしたなど特別の事情がある場合には、国家賠償法1条の責任が成立する**としています（大阪民事判決国家賠償事件）。したがって、裁判官の主観によっては、国家賠償法1条1項が適用されます。

> 本記述の「適用」という表現は曖昧です。裁判官の主観にかかわらず、裁判官がした争訟の裁判は国家賠償法1条の対象になっています。その点から「適用されることはない」を✕と判断してもよいでしょう。

エ ○　**2**

判例と同趣旨で正しい記述です（大阪空港訴訟）。

オ ✕ 補助金の交付者を含む場合あり　**3**

国家賠償法3条1項所定の設置費用の負担者とは、公の営造物の設置費用につき法律上負担義務を負う者のみを意味するわけではありません。判例は、**補助金を交付したに過ぎない国が損害賠償責任を負う場合もある**ことを認めています。

問題91　国家賠償法に関する**A**〜**D**の記述のうち、最高裁判所の判例に照らして、妥当なものを選んだ組合せはどれか。　　　　　　　特別区Ⅰ類2016

A　第一次出火の際の残り火が再燃して発生した火災については、消防署職員の消火活動について失火ノ責任ニ関スル法律は適用されず、第一次出火の消火活動に出動した消防署職員に残り火の点検、再出火の危険回避を怠った過失がある以上、消防署職員の重大な過失の有無を判断することなく、国又は公共団体は、国家賠償法により損害を賠償する義務があるとした。

B　市町村が設置する中学校の教諭がその職務を行うについて故意又は過失によって違法に生徒に損害を与えた場合、当該教諭の給料その他の給与を負担する都道府県が国家賠償法に従い当該生徒に対して損害を賠償したときは、当該中学校を設置する市町村が国家賠償法にいう内部関係でその損害を賠償する責任ある者であり、当該都道府県は、賠償した損害の全額を当該市町村に対し求償することができるとした。

C　都道府県による児童福祉法の措置に基づき社会福祉法人の設置運営する児童養護施設において、国又は公共団体以外の者の被用者が第三者に損害を加えた場合であっても、当該被用者の行為が国又は公共団体の公権力の行使に当たるとして国又は公共団体が被害者に対して国家賠償法に基づく損害賠償責任を負う場合には、被用者個人のみならず使用者も民法に基づく損害賠償責任を負わないとした。

D　じん肺法が成立した後、通商産業大臣が石炭鉱山におけるじん肺発生防止のための鉱山保安法に基づく省令改正権限等の保安規制の権限を直ちに行使しなかったことは、保安措置の内容が多岐にわたる専門的、技術的事項であるため、その趣旨、目的に照らし、著しく合理性を欠くものとはいえず、国家賠償法上、違法とはいえないとした。

1　A B　　　　　2　A C　　　　　3　A D
4　B C　　　　　5　B D

　B、**D**は少し細かい判例の知識を問うものになっています。**A**も応用的な内容です。記述は４つしかありませんが、内容的には難易度が高めの出題といえます。

A　✘　失火責任法が適用される

　判例は、**国家賠償法１条の責任においても失火責任法が適用される**としたうえで、消火活動の際に**消防署員に重大な過失がある場合**には、国または公共団体は、国家賠償法により損害を賠償する義務があるとしています。

> 消防署職員に失火責任法を適用する形で、消防署職員に重大な過失があれば国家賠償責任が成立する一方、消防署職員に軽い過失しかなければ国家賠償責任は不成立となります。

B　〇

　判例は、本記述と同様の事案において、行政内部における最終的な賠償の責任ある者を、中学校の設置管理者である市町村としました。したがって、**給与負担者として被害者に賠償をした都道府県は、市町村に求償ができます**（国家賠償法３条２項）。

C　〇

　判例と同趣旨で正しい記述です（積善会児童養護施設事件）。

D　✘　規制権限の不行使は国家賠償法上違法

　判例は、炭鉱でのじん肺発生を防止するために国が規制権限の行使を怠った事件において、通商産業大臣（当時）の規制権限の不行使について、**著しく合理性を欠くものであり、国家賠償法上違法**としています（筑豊じん肺訴訟）。

難易度 A 損失補償

第3章第3節

問題 92 　行政法学上の損失補償に関する記述として、通説に照らして、妥当なのはどれか。

特別区Ⅰ類2015

1　公共の利用に供するために財産権が制約され損失が生じれば、それが社会生活において一般に要求される受忍の限度をこえていなくても、無条件に損失補償が受けられる。

2　公用収用における損失補償は、所有権や地上権などの収用される権利について補償することはできるが、移転料、調査費及び営業上の損失など収用に伴い受けるであろう付随的損失について補償することはできない。

3　土地収用法における損失補償は、土地が収用される場合、その当時の経済状態において合理的に算出された相当な額で足り、収用の前後を通じて被収用者の財産を等しくするような完全な補償は不要である。

4　公共の用に供するために財産権を収用ないし制限された者には、法律に補償の規定がなくても、日本国憲法で定めている財産権の保障の規定に基づいて損失補償請求権が発生する。

5　土地収用における損失補償の方法は、現物補償として代替地の提供に限られ、土地所有者又は関係人の要求があった場合においても、金銭の支払による補償をすることはできない。

4は憲法でも学習する重要判例です。ストレートに○と判定できるようにきちんと覚えておきましょう。正解するのは容易な問題ですが、**2**、**5**は土地収用法の知識を問う少し細かい出題です。

1 ✕ 受忍限度を超える制約が必要 ②

たとえ財産権が制約され損失が生じていても、それが社会生活において一般に要求される 受忍の限度を超えていない場合には、損失補償を受けられない とするのが通説です。

2 ✕ 付随的損失も補償の対象 ②

公用収用の根拠法である土地収用法には、移転料の補償や営業上の損失についての補償に関する規定が置かれています（土地収用法77条、88条等）。したがって、**付随的損失について補償することは可能**です。

3 ✕ 💡 土地収用法における損失補償では完全補償が必要 ②

土地収用法における損失補償については、**完全補償を必要とする**のが判例の立場です（土地収用法事件）。

4 ○ ①

個別の法律に損失補償の規定がなくても、**憲法29条３項を根拠として損失補償をすることが可能**とするのが判例です（河川附近地制限令事件）。

5 ✕ 金銭補償が原則 ②

土地収用における損失補償の方法は、**原則として、金銭の支払いによる補償（金銭補償）を採用**しており、代替地の提供による補償（現物補償）は、例外的な位置づけになっています。

問題 93　　損失補償に関する**ア〜エ**の記述のうち、判例に照らし、妥当なもののみを全て挙げているのはどれか。　　　　　国家専門職2023

ア　道路工事の施行の結果、警察法規に違反する状態が生じたため、ガソリンの地下貯蔵タンクの所有者が、当該警察法規の定める技術上の基準に適合するように当該地下貯蔵タンクの移転等を余儀なくされ、これによって損失を被った場合、当該損失は、道路工事の施行を直接の原因として生じた損失であり、道路法の定める補償の対象となる。

イ　土地収用法に基づく収用の対象となった土地が経済的・財産的価値でない学術的・文化財的価値を有している場合には、当該価値が広く客観性を有するものであると認められるときに限り、土地収用法にいう通常受ける損失として補償の対象となる。

ウ　河川附近地制限令の定める制限は、河川管理上支障のある事態の発生を事前に防止するための一般的な制限であって、何人もこれを受忍すべきものであり、また、当該制限について損失補償に関する規定もない以上、その補償を請求することはできない。

エ　行政財産たる土地につき使用許可によって与えられた使用権は、それが期間の定めのない場合であれば、当該行政財産本来の用途又は目的上の必要を生じたときはその時点において原則として消滅すべきものであり、使用権者は、特別の事情がない限り、使用許可の取消しによる土地使用権喪失についての補償を請求することはできない。

1　ウ

2　エ

3　ア、イ

4　ア、エ

5　イ、ウ

　イの文章はわかりにくく、判例と合致しているのか否かの判定が難しいです。ただ、**ア**、**ウ**が✗と確定できれば、**イ**を無視しても正解は**2**と絞れてしまうので、正解するのは難しくありません。

ア　✗ 💡　危険物保有者の損失は補償の対象とならず　　②

　判例は、本記述の事案において、**補償の対象とならない**としています（モービル石油事件）。

> この判例の結論はガソリンスタンドの経営者には少し酷なものですが、危険物を所有する者が自ら負担しなければならない責任と考えられます。

イ　✗　学術的・文化財的価値は補償の対象とならず　　②

　補償の対象となるのは、その土地の経済的・財産的価値であり、単なる**学術的・文化財的価値は、土地収用法にいう通常受ける損失として補償の対象とはなりません**（福原輪中堤事件）。

ウ　✗　憲法を根拠に損失補償を請求可　　①

　個別の法令（河川附近地制限令）に損失補償の規定がなくても、**憲法29条3項を根拠として損失補償をすることが可能**とするのが判例です（河川附近地制限令事件）。

エ　○　　　　　　　　　　　　　　　　第1編第3章第3節 ②

　判例と同趣旨で正しい記述です（築地市場事件）。

第2編

第3章

国家補償

問題 94 行政法学上の損失補償に関する **A ～ D** の記述のうち、最高裁判所の判例に照らして、妥当なものを選んだ組合せはどれか。 特別区Ⅰ類2017

A 国の道路工事により地下道がガソリンスタンド近隣に設置されたため、給油所経営者が消防法の位置基準に適合させるために行った地下貯蔵タンク移設工事費用の補償を請求した事件では、道路工事の施行の結果、警察違反の状態を生じ、工作物の移転を余儀なくされ損失を被ったとしても、それは道路工事の施行によって警察規制による損失がたまたま現実化するに至ったものにすぎず、このような損失は道路法の定める補償の対象には属しないものというべきであるとした。

B 鉱業権設定後に中学校が建設されたため、鉱業権を侵害されたとして鉱業権者が損失補償を請求した事件では、公共の用に供する施設の地表地下とも一定の範囲の場所において鉱物を掘採する際の鉱業法による制限は、一般的に当然受認すべきものとされる制限の範囲をこえ、特定人に対し特別の財産上の犠牲を強いるものであるため、憲法を根拠として損失補償を請求することができるとした。

C 戦後の農地改革を規律する自作農創設特別措置法に基づく農地買収に対する不服申立事件では、憲法にいうところの財産権を公共の用に供する場合の正当な補償とは、その当時の経済状態において成立することを考えられる価格に基づき、合理的に算出された相当な額をいうのであって、必ずしも常にかかる価格と完全に一致することを要するものでないとした。

D 福原輪中堤の文化的価値の補償が請求された事件では、土地収用法の通常受ける損失とは、経済的価値でない特殊な価値については補償の対象としていないが、当該輪中堤は江戸時代初期から水害より村落共同体を守ってきた輪中堤の典型の一つとして歴史的、社会的、学術的価値を内包し、堤防の不動産としての市場価格を形成する要素となり得るような価値を有しているため、かかる価値も補償の対象となり得るというべきであるとした。

1 A B 2 A C 3 A D 4 B C 5 B D

　Bの判例はかなり細かいので知らなくても問題ないでしょう。**A**、**C**を○と判断して、**2**を正解と判断できるようにしておきたい問題です。

A　○

　判例と同趣旨で正しい記述です（モービル石油事件）。

B　✕　Skip ▶️　受忍限度を超えず憲法を根拠とした損失補償請求は不可

　判例は、本記述の事例において、当該鉱業法による制限は、公共の福祉のためにする一般的な最小限度の制限であり、何人もこれをやむを得ないものとして当然受忍しなければならないものであって、特定の人に対し特別の財産上の犠牲を強いるものとはいえないとしました。結論として、憲法29条3項を根拠として補償請求をすることはできないとしています。

C　○

　判例と同趣旨で正しい記述です（自作農創設法事件）。

D　✕　輪中堤の歴史的・学術的価値は補償の対象外

　判例は「土地収用法の通常受ける損失とは、<u>経済的価値でない特殊な価値については補償の対象としていない</u>」としているので、本記述の前半部分は正しいです。しかし、輪中堤の歴史的・学術的な価値は不動産としての市場価格を形成する要素となり得るような価値を有しているわけではないとして、結論としては<u>補償の対象となり得ない</u>としています（福原輪中堤事件）。したがって、後半の記述は誤りです。

問題 95　損失補償に関する次の記述のうち、妥当なのはどれか。

国家専門職2022

1　警察法規が一定の危険物の保管場所等について技術上の基準を定めている場合において、道路工事の施工の結果、警察法規違反の状態を生じ、危険物保有者がその技術上の基準に適合するように既存の工作物の移転等を余儀なくされ、これによって損失を被ったときは、当該危険物保有者はその損失の補償を請求することができるとするのが判例である。

2　財産上の犠牲が単に一般的に当然に受忍すべきものとされる制限の範囲を超え、特別の犠牲を課したものである場合であっても、これについて損失補償に関する規定がないときは、当該制限については補償を要しないとするのが立法上の趣旨であると解すべきであり、直接憲法第29条第3項を根拠にして補償請求をすることはできないとするのが判例である。

3　土地収用法に基づく収用の場合における損失の補償には、収用される権利の対価の補償のみならず、被収用地に存在する物件の移転料の補償や、営業の中断に伴う損失の補償など、収用によって被収用者が通常受ける付随的な損失の補償も含まれる。

4　都市計画法に基づく建築物の建築制限は、それのみで直ちに憲法第29条第3項にいう私有財産を公共のために用いることにはならず、同項にいう正当な補償を必要とするものではないが、当該制限が60年以上の長期間にわたって課せられている場合、当該制限は、その制限の内容を考慮するまでもなく、その期間に照らして当然に権利者に受忍限度を超えて特別の犠牲を課すものであり、損失の補償が必要であるとするのが判例である。

5　国家が私人の財産を公共の用に供するには、これによって私人の被るべき損害を填補するに足りるだけの相当な賠償をしなければならないことはいうまでもないが、憲法は、これに加えて、補償の時期についても、補償が財産の供与と交換的に同時に履行されるべきことを保障しているとするのが判例である。

4の判例を知らなくても**3**を〇と判断できるように、多少土地収用法の知識も持っておきましょう。少し難易度の高い問題です。

1　✕　危険物保有者の損失は補償の対象とならず

判例は、本記述の事案において、**補償の対象とならない**としています（モービル石油事件）。

2　✕ 💡　憲法を根拠に損失補償を請求可

個別の法律に損失補償の規定がなくても、**憲法29条3項を根拠として損失補償をすることが可能**とするのが判例です（河川附近地制限令事件）。

3　〇

土地収用法に基づく収用の場合における損失の補償には、収用される権利の対価の補償だけでなく、移転料の補償（土地収用法77条）や営業の中断に伴う損失についての補償（同法88条）など、収用によって被収用者が通常受ける**付随的な損失の補償も含まれています**。

4　✕　Skip ▶️　受忍限度を超えず損失補償請求は不可

判例は、制限が60年以上の長期間にわたって課せられていても、その制限の内容（知事の許可を得て建築物を建築することや土地を処分することは可能であった）から、受忍限度を超えて特別の犠牲を課すものとはいえず、損失の補償が必要とはいえないとしています。

5　✕　同時に履行されることの保障まではなし

前半は判例に照らし正しいです。しかし、判例は、補償が財産の供与と交換的に**同時に履行されるべきことまで憲法は保障していない**としており、後半は誤っています。

問題 96 行政法学上の行政庁の権限の委任に関する記述として、妥当なのはどれか。

特別区Ⅰ類2010

1 権限の委任とは、自己に与えられた権限の全部又は主要な部分を他の機関に委任して行わせることをいう。

2 権限の委任は、法律上定められた処分権者を変更するものであるから、法律の根拠が必要である。

3 権限の委任を受けた受任者は、民法上の委任とは異なり、代理権の付与を伴わないため、当該権限の行使を委任者の名で行う。

4 行政不服審査法に基づく不服申立てを行う場合には、権限の委任が行われていれば、委任者の最上級行政庁もしくは委任者に対して行わなければならない。

5 権限の委任が上級機関から下級機関に対して行われたときは、権限が移譲されるため、委任者は、受任者に対して指揮監督権を有することはない。

権限の委任に関する基本知識で**2**を○と確定できる、基本的な問題です。

1 ✕ 権限全部の委任は不可　②

権限の委任とは、行政庁が権限の一部を他の機関に任せて行わせることをいいます。あくまでも**委任できるのは一部であり、全部を委任することはできません**。

2 ○　②

権限の委任は、**権限の移動を伴うので、法律の根拠がなければ行うことはできません**。

3 ✕ 受任した権限は受任者自身の名で行使　②

権限の委任がなされると、**当該権限が完全に委任を受けた受任者（受任行政庁）に移動**し、受任者（受任行政庁）が行政庁になります。したがって、権限を行使する際も**受任者自身の名で行います**。

4 ✕ 相手は受任者の最上級行政庁もしくは受任者　②

権限の委任により受任者が行政庁となっているので、**行政不服申立ての相手も受任者を基準**にします。原則として受任者たる行政庁の最上級行政庁が相手先となり、それが存在しない場合等に受任者が相手先になります（行政不服審査法4条）。

5 ✕ 上級機関としての指揮監督権を有する　②

上級機関から下級機関に権限の委任があり、当該権限自体は下級機関に移動したとしても、**上級機関としての指揮監督権がなくなるわけではありません**。

情報公開

問題 97　行政機関の保有する情報の公開に関する法律（情報公開法）に関するア〜エの記述のうち、妥当なもののみを挙げているのはどれか。

国家一般職2023

ア　会計検査院と人事院は情報公開法の対象機関に含まれるが、国会と裁判所は同法の対象機関に含まれない。

イ　不開示決定は申請に対する拒否処分に当たるので、不開示決定に不服がある場合、請求者は、当該不開示決定の取消訴訟を提起することができる。

ウ　行政文書の開示の方法は、電磁的記録については閲覧又は印刷したものの交付に限られる。いずれの方法で行うかは、開示決定をした行政機関の長が指定する。

エ　開示決定等又は開示請求に係る不作為について審査請求があったときは、当該審査請求に対する裁決をすべき行政機関の長は、情報公開・個人情報保護審査会に諮問することができる。この場合、諮問をしたか否かを審査請求人に通知する必要はない。

1　ア、イ
2　ア、ウ
3　イ、ウ
4　イ、エ
5　ウ、エ

ウは少し細かい知識が求められていました（ただ常識を働かせれば✖と推測できるのではないかと思います）。他の記述は情報公開法の基本知識です。確実に正誤判定できるようにしておきましょう。

ア ○

情報公開法は、「国の行政機関」を対象としているので、「国の行政機関」である<u>会計検査院と人事院は対象機関に含まれています</u>（情報公開法2条1項）。しかし、**行政機関ではない国会と裁判所は対象機関に含まれていません**。

イ ○

不開示決定は、**行政事件訴訟法の「処分」に該当します**。したがって、取消訴訟を提起することが可能です。

ウ ✖ 政令で定める他の方法も可能

開示の方法については、文書または図画については閲覧または印刷したもの（写し）の交付に限られていますが、電磁的記録については**政令で定める他の方法による開示も可能**です（情報公開法14条1項）。例えばオンラインによる開示も可能となっています。

なお、開示の方法の選択については、開示請求者が申し出ることになっています（情報公開法14条2項）。

エ ✖ 諮問は原則的に法的義務

開示決定等または開示請求に係る不作為について審査請求があった場合、当該審査請求に対する裁決をすべき行政機関の長は、原則として、情報公開・個人情報保護審査会に**諮問しなければなりません**（情報公開法19条1項）。また、諮問をした場合には、**審査請求人に通知する必要があります**（同条2項）。

問題 98　　行政機関の保有する情報の公開に関する法律（情報公開法）における行政文書の開示に関する記述として、妥当なのはどれか。　特別区Ⅰ類2023

1　開示請求の対象となる行政文書とは、行政機関の職員が職務上作成した文書であって、当該行政機関の職員が組織的に用いるものとして、当該行政機関が保有しているものであり、決裁、供覧の手続をとっていない文書は含まない。

2　行政文書の開示請求をすることができる者は、日本国民に限られないが、日本での居住が要件とされているため、外国に居住する外国人は、行政文書の開示請求をすることができない。

3　行政文書の開示請求をする者は、氏名、住所、行政文書の名称その他の開示請求に係る行政文書を特定するに足りる事項及び請求の目的を記載した開示請求書を、行政機関の長に提出しなければならない。

4　行政機関の長は、開示請求に係る行政文書に不開示情報が記録されている場合には、公益上特に必要があると認めるときであっても、開示請求者に対し、当該行政文書を開示することは一切できない。

5　行政機関の長は、開示請求に対し、当該開示請求に係る行政文書が存在しているか否かを答えるだけで、不開示情報を開示することとなるときは、当該行政文書の存否を明らかにしないで、当該開示請求を拒否することができる。

正 解 5

　5 は情報公開法でよく問われる知識ですので、ストレートに◯と判断できるように正確に覚えておきましょう。

1　✕　決裁・供覧前の文書も対象

　開示請求の対象となる行政文書とは、行政機関の職員が職務上作成した文書であって、当該行政機関の職員が組織的に用いるものとして、当該行政機関が保有しているものです（情報公開法2条2項）。そして、それに該当すれば、**決裁、供覧の手続を経ていない文書であっても「行政文書」に含まれます**。

2　✕　💡　「何人も」開示請求が可能

　情報公開法では「何人も」開示請求をすることができると規定されています（情報公開法3条）。日本国籍も日本での居住も要件になっていませんので、**外国に居住する外国人も開示請求可能**です。

3　✕　「請求の目的」は記載不要

　開示請求者は、開示請求書に氏名、住所、行政文書の名称その他の開示請求に係る**行政文書を特定するに足りる事項を記載する必要があります**が（情報公開法4条1項）、開示請求の**「目的」の記載は必要ありません**。

4　✕　公益上特に必要があると認めるときは開示可能

　行政機関の長は、開示請求に係る行政文書に不開示情報が記録されている場合であっても、**公益上特に必要があると認めるときは、開示することができます**（情報公開法7条）。

　　これは「公益上の理由による裁量的開示」と呼ばれています。

5　◯

条文どおりで正しい記述です（情報公開法8条）。

　　これは存否応答拒否もしくはグローマー拒否と呼ばれています。

問題 99　　行政機関の保有する情報の公開に関する法律（以下「情報公開法」という。）に関する**ア〜オ**の記述のうち、妥当なもののみを全て挙げているのはどれか。

国家専門職2020

ア　情報公開法の対象となる国の機関について、内閣から独立した地位を有する会計検査院や国の防衛を所掌する防衛省はこれに含まれるが、国会や裁判所は含まれない。

イ　情報公開法は、何人も、同法の定めるところにより、行政機関の長に対し、その行政機関の保有する行政文書の開示を請求することができるとしており、我が国に在住する外国人はもとより、外国に在住する外国人であっても、行政文書の開示を請求することができる。

ウ　情報公開法の対象となる行政文書は、行政機関の職員が組織的に用いるものであって、決裁や供覧等の事案処理手続を経たものに限られるため、行政機関内部の意思決定が終了していない検討段階の文書については、開示請求の対象とはならない。

エ　開示決定等又は開示請求に係る不作為について審査請求があった場合には、当該審査請求に対する裁決をすべき行政機関の長は、裁決で当該審査請求の全部を認容し、当該審査請求に係る行政文書の全部を開示することとするときであっても、必ず情報公開・個人情報保護審査会に諮問しなければならない。

オ　情報公開法は、審査請求前置主義を採用していることから、行政機関の長が行った開示決定等について、行政不服審査法による審査請求を行うことなく直ちに訴訟を提起することはできない。

1　ア、イ
2　ア、オ
3　イ、エ
4　ウ、エ
5　ウ、オ

ウの言い回しが微妙な表現になっていますが、他の記述の正誤を判定することは容易です。基本的な問題といえるでしょう。

ア ○

情報公開法は「国の行政機関」を対象としているので、**会計検査院と防衛省は対象に含まれています**（情報公開法2条1項）。しかし、**行政機関ではない国会と裁判所は対象に含まれていません**。

イ ○

「何人も」開示請求可能であり（情報公開法3条）、この「何人も」には、外国人も含まれ、特に日本での居住も要件とされていません。したがって、**外国に居住する外国人も開示請求できます**。

ウ ✕　決裁・供覧前の文書も対象

行政文書は、行政機関の職員が職務上作成した文書であって、当該行政機関の職員が組織的に用いるものとして、当該行政機関が保有しているものです（情報公開法2条2項）。**決裁や供覧等の事案処理手続を経たものに限られません**。

 ただし、行政機関内部の意思決定が終了していない検討段階の文書が不開示情報（審議・検討情報）に該当する場合、不開示決定がされます。

エ ✕　諮問する必要がない例外に該当

行政機関の長は、原則として情報公開・個人情報保護審査会に諮問しなければなりません（情報公開法19条1項柱書）。しかし、**裁決で審査請求の全部を認容し文書の全部を開示することとする場合、諮問は不要**です（同条項2号）。

オ ✕　不服申立前置主義は不採用

情報公開法においては、不服申立前置主義（審査請求前置主義）は採用されておらず、原則どおり自由選択主義になりますので、行政不服審査法による**審査請求を行うことなく直ちに訴訟を提起することも可能**です。

問題 100 　行政機関の保有する情報の公開に関する法律（以下「情報公開法」という。）に関する次の記述のうち、妥当なのはどれか。　　国家一般職2020改題

1　行政機関の長は、開示請求に係る行政文書に不開示情報が記録されている場合であっても、公益上特に必要があると認めるときは、開示請求者に対し、当該行政文書を開示することができる。

2　開示請求に対し、当該開示請求に係る行政文書が存在しているか否かを答えるだけで、不開示情報を開示することとなるときは、行政機関の長は、当該行政文書の存否を明らかにしないで、当該開示請求を拒否することができ、その理由を提示する必要もない。

3　開示請求に係る行政文書の開示又は不開示の決定は、開示請求があった日から30日以内にしなければならないが、行政機関の長は、正当な理由があるときは、この期間を30日以内に限り延長することができる。この場合、事情のいかんにかかわらず、当該延長期間内に開示請求に係る全ての行政文書の開示又は不開示の決定を行わなければならない。

4　情報公開法は、行政文書の開示を請求する者に対しては、開示請求に係る手数料を徴収することとしているが、行政文書の開示を受ける者に対しては、情報公開制度の利用を促進する政策的配慮から、開示の実施に係る手数料を徴収してはならないこととしている。

5　情報公開法は、その対象機関に地方公共団体を含めていないが、全ての地方公共団体に対し、同法の趣旨にのっとり、その保有する情報の公開に関する条例の制定を義務付けている。

　全体的に少し難易度が高めの問題ですが、**1**を◯と判定できるようにしておきたい内容です。

1　◯

　条文どおりで正しい記述です（情報公開法 7 条）。

2　✕　理由の提示は必要

　前半は条文どおりで正しい記述です（情報公開法 8 条）。「存否」は明らかにしなくてよいのですが、この規定に基づく拒否処分も**「申請に対する拒否処分」として理由を提示する必要はあります**（行政手続法 8 条 1 項）。

> この場合、文書の存在は明らかにする必要がありませんが、「仮に存在していたとしても情報公開法 5 条の◯号に該当するので」と理由を示す必要はあるということです。

3　✕　さらに延長できる特例あり

　原則30日以内、さらに30日延長が可能とする前半部分は正しいです（情報公開法10条 1 項、 2 項）。ただし、**対象行政文書が著しく大量**であるため、延長の期間も含めて60日以内にそのすべてについて開示決定等をすることが難しい場合には、**一部についてさらに延長することが可能**です（同法11条 1 項）。

4　✕　開示の実施に係る手数料も徴収

　開示請求に係る手数料（開示請求手数料）だけでなく、**開示の実施に係る手数料（開示実施手数料）も、実費の範囲内において政令で定める額を納めなければなりません**（情報公開法16条 1 項）。

5　✕　地方公共団体については努力義務にとどまる

　情報公開法の趣旨にのっとり、保有する情報の公開に関し必要な施策を策定、実施するよう地方公共団体が努めなければならないと定めていますが（情報公開法25条）、これは**努力義務を課したにとどまり、条例の制定を義務づけてはいません**。